Catrile

AMOUR ÉCOLOGIQUE:
LA THÉORIE

Essai

Éditions Amour Écologique

«*Mona*» de l'artiste peintre *Hélène Blais, 1985*

Illustration page couverture: « Mona», Acrylique 24" x 36", de l'artiste peintre *Hélène Blais*, 1985

http:/heleneblais.blogspot.com

Photographie page couverture arrière : Studio de Lottinville Granby, Québec, Canada. © 2013

www.amourecologique.com

Tous droits réservés © 2015 Éditions Amour Écologique
Courriel: info@amourecologique.com

Première édition: 1er trimestre 2015

Dépôt Légal – Bibliothèque et Archives Nationales du Québec, 1er trimestre 2015 – Bibliothèque et Archives du Canada, 1er trimestre 2015.

ISBN : 978-2-924497-00-5

CONTENU

Dédicace

À l'intention du lecteur

Introduction

Première partie   *CONTEXTE*

Deuxième partie   *SEXUALITÉ BIAISÉE*

Troisième partie *POSITIONNEMENT*

Quatrième partie *IMPLICATION*

Cinquième partie *ENGAGEMENT*

Dédicace

À toutes les personnes que j'ai l'honneur et le bonheur d'aimer, ma famille chérie, mes ami.e.s et toutes les personnes de la terre dont je ressens constamment la joie, mais aussi parfois, pour certain.e.s, la misère, et ce, avec toute ma compassion.

Je fais de ma vie ce que je veux et peux, et j'apprends de plus en plus à respecter mes choix et mes envies, comme étant le reflet de la beauté naturelle.

Cet ouvrage est sciemment issu à la fois de la science de la sociologie et de la subjectivité de l'auteure.

Catrile

À l'intention du lecteur

L'écologie étudie les êtres vivants dans leur milieu et les interactions entre eux. Tout aujourd'hui porte la marque écologique. Il allait donc de soi que nous parlions de l'*Amour Écologique*. Qu'a donc l'*Amour Écologique* de différent de l'amour qu'on connaît habituellement?

Les relations que nous entretenons avec nos proches sont-elles exclusivement personnelles ou bien apprenons-nous à nous comporter les un.e.s avec les autres selon des modèles? Et ces modèles proposés, qui influencent nos actions, représentent-ils des comportements responsables et suscitant le meilleur impact sur l'écosystème?

Les rapports humains plus intimes contribuent-ils à l'équilibre environnemental, en harmonie avec les ressources matérielles et le bien-être des individus? Quelles sont les caractéristiques d'un amour vécu dans la liberté, et de la foi en elle, et leurs répercussions positives sur l'écosystème, les conditions d'existence comprises?

Le concept d'*Amour Écologique* est le fruit d'une analyse sociologique élaborée d'un point de vue humaniste, depuis les grandes années du féminisme mondial jusqu'à aujourd'hui, selon une méthode et une grille scientifiques empreintes de cette soif de vérité et de liberté qui a caractérisé, entre autres, ce mouvement de révolution des genres, du troisième tiers du siècle dernier.

On se rappellera les forces en présence : les peuples souverains et l'autorité des églises et leurs discours, notamment sur l'obligation de peuplement, qui comprend le peuplement avec ses avantages et ses joies immenses, mais aussi les affres de l'obligation, avec ses traumatismes, dont l'augmentation effrénée de la démographie terrestre, de la misère, et les changements sociaux qui s'ensuivirent.

L'obligation de peuplement, par des rapports sexuels exclusivement reproductifs, se situe au cœur de plusieurs grands systèmes de pensée qui imposent l'obligation pour chaque personne de s'allier à une seule autre personne , et de sexe opposé, dans le but strict de fonder une famille.

Dans de tels contextes de domination, voire de dictature – avec utilisation de moyens coercitifs pour forcer l'obéissance, dont la terreur – les rapports de reproduction demeurent les seuls jugés acceptables. Et c'est justement cette prémisse de base, qu'est la reproduction obligatoire, qui donne lieu à des dérapages immondes, dont des lois homophobes qui heurtent grandement l'esprit humaniste, plus ouvert et sensible aux différences et volontés des êtres.

Dans la réalité, il n'y a effectivement pas deux mais trois genres : femelle, mâle et intersexe. Or, dans l'affaire «genre», on remarque avec frayeur le caractère parfois arbitraire de l'assignation des genres, dont l'exclusive binarité, qui réduit les possibilités à deux seuls sexes reconnus. Et cet état de fait important cause de graves dérives, dont le concept d'homophobie, qui apparaît comme une pure création de l'esprit dictatorial, servant leurs intérêts particuliers, au détriment de la poursuite du bien-être des êtres soumis à ce régime, par la force.

Cet ouvrage, sciemment issu à la fois de la science de la sociologie et de la subjectivité de l'auteure, a comme but ultime de reconnaître la légitimité des relations libres, saines, et écologiques, par opposition à des relations où trop souvent la contrainte règne et la misère trône.

Introduction

L'affranchissement de l'être, le pouvoir humain et ses applications, voilà les sujets principaux de ma quête en cours. Il sera donc ici question de la possibilité de changement effectivement réalisable dans nos vies respectives, mais aussi, au sein d'une société donnée, à la lumière des avancées extraordinaires du mouvement humaniste avec une attention particulière au féminisme mondial et à ses répercussions. En effet, depuis 1975, décrétée par l'ONU «Année Internationale de la Femme», d'innombrables recherches auront servi à identifier et rectifier les situations humainement inconfortables, notamment celles liées au genre. Les réalisations sont multiples, dont la réappropriation de nos corps : mouvement d'auto-santé holistique par les plantes et autres éléments de la nature, matériel et immatériel. Ce qui donne lieu, entre autres, à la valorisation extraordinaire des médecines plus naturelles du monde entier et la création d'archives d'informations, de sources internationales diverses, notamment sur les vertus des plantes et autres remèdes naturels.

L'étude approfondie de la sensualité, la sexualité et la génitalité nous aura appris à reconnaître les éléments abusifs de la distinction binaire – si restrictive – des genres. Aussi, aura-t-on compris que la gestion de l'information au sujet de l'amour, dans un mode qui préconise exclusivement l'hétérogénéité des relations tend, infailliblement, à assujettir les êtres au processus d'accouplement, de fécondation, de gestation et d'accouchement.

Ainsi, l'aspect de coopération, d'association simple, dans un digne but d'amélioration des conditions de vie, peut être carrément évacué de certains systèmes, au profit de la seule procréation et, plus largement, l'organisation de la famille.

À la lumière de ces considérations, donc, et de façon plus déterminante depuis 1975, les sociétés ont largement évolué, en mettant en valeur, entre autres, l'importance de l'autonomie financière de la personne en vue de son indépendance physique, psychique, émotionnelle et spirituelle.

Plusieurs d'entre nous, citoyens de la terre, sommes né.e.s de l'obligation de nos parents à procréer et avons même parfois été privé.e.s, notamment, de l'allaitement maternel – ces mères de l'après-guerre ayant été contraintes de préférer offrir à leur poupon le lait maternisé au lieu de leur propre lait, suite aux suggestions de la médecine institutionnelle et de l'industrie pharmaceutique –.

Je citerai donc plusieurs témoignages revendicateurs concernant la liberté de reproduction et les mécanismes de coercition qui la menacent, avec la certitude de l'imminence de la tenue d'un débat mondial sur le sujet.

Ce livre est le fruit d'un profond engagement et d'une rigoureuse dévotion à l'expérience de la justice suprême en ce monde. Aussi ma recherche fut-elle basée essentiellement sur des informations sociologiques de diverses provenances plutôt empiriques et la cueillette de témoignages lors d'assemblées extraordinaires, depuis 1973 à nos jours, dont des conférences formelles et informelles, locales, provinciales, nationales, internationales et mondiale, sur les droits de la personne etc., telles la *Quatrième Conférence Mondiale des Nations Unies sur les Femmes* et son Forum des ONG qui eurent lieu à Beijing, en Chine, en 1995, et le très fameux *Festival de Musique de Femmes*, WWMC (We Want the Music Collective), qui se tient au Michigan, aux États-Unis, à chaque année depuis près de 40 ans, et celles tenues au Québec, au Canada, en France, en Italie et aux États Unis, et auxquelles j'ai participé très activement.

J'assistai donc à une multitude de réunions principalement axées sur les deux grands thèmes de la pauvreté et la violence, qui eurent lieu ici et là, dans nombre de pays.

Étonnamment, lors de ces rassemblements citoyens, durant les fortes années d'éclatement des modèles sexistes, chaque personne présente était invitée à s'y exprimer librement, presque toujours selon une procédure ouverte, prônant plutôt le respect d'un ordre naturel de communication, sans octroi de rang pour la prise de parole, et donc souvent sans médiation aucune. Ce qui offrait une fantastique opportunité de partager des moments magiques de discussion citoyenne au sujet de problématiques émergées de récits d'enfances, d'adolescences et de vies d'adultes, marqués, entre autres, par l'extravagance d'une sensualité pour le moins intrigante et inadéquate, et donnant lieu à de virulentes remises en question de la sexualité globale.

Amour Écologique : La Théorie rend ainsi compte des résultats d'un travail colossal étalé sur trente-cinq années où furent déployés d'innombrables et fructueux efforts afin de mettre en lumière les mécanismes de création durable de la paix et du bien-être de la population dans le monde.

Ce livre ne prône ni ne propose, mais dévoile plutôt, avec vigueur et candeur, de façon qui tente la clarté et la simplicité, les rudiments d'une pratique qui, bien qu'elle fût répandue, est, à date, trop fortement tenue dans l'ombre. Ainsi, prétendant participer à peaufiner les relations humaines, cet exposé vise à faire valoir une position bien empreinte de pudeur, dans un monde où la génitalité à tendance plus brutale s'efforce de s'accaparer une place indue, comme le symbole surfait de la sensualité postmoderne.

L'*Amour Écologique* renferme à travers ses pages, la volonté de faire reconnaître la beauté et la grandeur d'un amour ancré dans le respect et la bienveillance. Il met l'emphase sur la reconnaissance de la ferveur et de la sagesse des partisans d'un genre d'amour fondamental qui porte essentiellement sur des interventions ultra-conscientes, motivées par des convictions super dynamiques.

Ce livre, nullement conçu pour faire controverse, constitue plutôt la parfaite occasion de proposer une alternative brillante au style d'amour conventionnel qui lui, ma foi, atteint parfois l'inconcevable – voire l'horreur –, se prétendant subrepticement obligatoire.

Il faut bien l'avouer, nombre de gens ont déclaré se sentir emprisonnés dans un carcan sexuel qui empoisonne littéralement leur existence par sa complexité et ses conséquences trop souvent désastreuses. Et combien d'adolescent.e.s aujourd'hui sont dirigé.e.s vers des pratiques d'apparence traditionnelle et auxquelles elles et ils adhèrent, même à contrecoeur, à défaut d'une alternative plus saine ?

Il suffit de voir les statistiques accablantes de maladies dites «sexuelles» et d'examiner de près les scandales humains – dont la pauvreté est certes un élément central – pour réaliser à quel point il appert que quelqu'un, quelque part, accomplit mal son travail, là!

Et cette triste constatation amène inexorablement à se questionner sur l'importance de la responsabilisation par rapport aux gestes posés et de leurs effets réels sur le développement de la vie.

Or, ce livre présente simplement une alternative plus saine et écologique aux choix parfois compliqués auxquels nous sommes tous confrontés en matière de relation et de communication.

Alternative qui, suite à l'émergence d'une pensée plus humaniste, d'une prise de position et d'un engagement individuel et social massifs, s'intègre dans un mouvement d'avancement économique plus organique et dirigé dans le sens de l'amélioration des conditions de vie des citoyens sur la Terre, qu'embrasse totalement la théorie de l'*Amour Écologique*.

Première partie : *CONTEXTE*

Chapitre 1

Polarité des genres

Loin de moi l'idée de nier le fait que plusieurs d'entre nous semblent parfaitement à l'aise dans ce rôle polarisé selon le genre où tandis que l'une remplit élégamment les qualités de femme, l'autre rejoint avec brio les valeurs et les allures d'homme.

Cependant, on doit prendre en considération le fait qu'il existe aussi des êtres qui empruntent un chemin de vie différent. Des êtres sains et authentiques, ou parfois intersexués ou encore simplement attirés vers les costumes, les allures et attitudes réservés exclusivement au genre opposé, mais dont le parcours engendrera, trop souvent sans fondement, de bien lourdes conséquences.

De nombreuses études l'ont montré, dès la naissance, de petits êtres sont stigmatisés par leur appartenance à un genre que l'on veut absolument stéréotyper.

La distinction de personnages caractériels de femelles «f» et mâles «m» qui défilent sous nos yeux, dans les magazines, les films et bien sûr, dans la réalité, ne tient souvent qu'à quelques fragiles détails dans l'allure, la coiffure et l'habillement, par exemple. Par contre, les châtiments, parfois impitoyables, hissés en menace afin que chaque être s'y conforme, laissent planer une doute sur la pureté des intentions sous-jacentes à de si vives réactions humanophobes, à tant de misanthropie.

Robe, chaussures, cheveux ne sont qu'accessoires de théâtre! Et, nous en conviendrons, ne représentent en rien des éléments distinctifs sérieux du genre réel d'une personne.

Or, dans plusieurs sociétés modernes, on constate la démesure de l'importance accordée au simple fait d'identifier une personne selon ces critères précis et par là, la catégoriser.... sans croire s'y tromper.

Parce que voilà, il y a, dans la pratique, des variantes réelles à ces modèles. Par exemple, comment différencier les genres avec un attirail vestimentaire de sport, ou de travail physique où les critères habituels se raréfient et la distinction se complique? Comment, encore, distinguer le genre de chacun.e dans les villes et campagnes d'Orient ou d'Occident, où les costumes sont identiques ou si semblables, et l'amitié palpable entre les genres indifféremment entremêlés?

Durant les années fortes du féminisme international, nous avons analysé à la loupe les signes associés aux genres. Quelle épopée ce fût de découvrir combien le modèle proposé comme devant être typiquement féminin contribue bizarrement à «réduire» la mobilité et l'assurance! Robe cintrée à décolleté plongeant, coiffure haute et maquillage prononcé, talons aiguilles... Et dans certaines cultures ce déguisement sert parfois de modèle strict pour supposément mesurer la féminité d'une personne. Or l'expérience, le vécu et l'analyse nous induisent à identifier *les caractères inhérents au genre* plutôt selon la particularité des organes génitaux d'un individu que par des signes superficiels et aléatoires comme les critères basés sur le simple habit, l'allure ou la coiffure; éléments qu'on est en droit de juger comme totalement accessoires.

D'ailleurs, la binarité est elle-même superfétatoire. Dans cet ordre d'idées où la réalité s'impose, devons-nous maintenant reconnaître l'existence tangible de trois genres plutôt que deux: les éléments femelles «f», mâles «m» et intersexes «i» – parfois aussi nommés hermaphrodites –.

«Selon l'Organisation internationale des intersexes, 17 personnes sur 1000 naissent avec des organes génitaux difficiles ou impossibles à définir comme masculins ou féminins.» (Cf. Société, Naître avec les deux sexes, chercher son identité, http://ici.radio-canada.ca/emissions/medium_large/2014-2015/chronique.asp?idChronique=356387)

Mais qui donc a besoin de savoir si vous appartenez à l'un ou l'autre des genres, et qui tient tant à ce que la 3e alternative soit réprimée de telle sorte que l'intersexe «i» doive choisir entre deux solutions – souvent avec beaucoup de peine –, correspondant ni l'une ni l'autre à sa condition profonde ? Qui a intérêt à faire en sorte qu'il n'y ait que 2 identités au lieu de 3? Et sont-ce les mêmes gens qui ont intérêt aussi à établir qu'il n'y a qu'un choix de mixité: le type «f» avec le type «m»?

Dans la science des probabilités, la réalité nous montre pourtant 6 cas possibles : «f/f» «f/m», «f/i», «m/m», «m/i» et «i/i». Y a-t-il une dictature en poste qui voudrait réduire la vie humaine à un modèle «f/m»? Eh bien, tout nous porte à le croire. On constate, effectivement, que l'obéissance au diktat a comme corrélation directe de considérer les cinq autres situations comme «déviantes». Et, lorsque tombe le couperet, ce sévère jugement a de terribles répercussions sur les sujets concernés.

Par exemple, dans les années soixante, l'histoire de cette brillante étudiante en obstétrique, en finale, qui s'est vue refuser la diplomation, suite à la réception d'une lettre d'une amie que les autorités auraient sauvagement interceptée et où il était question de «...*notre nuit blanche passée ensemble à Québec...*». Ainsi, cette jeune gaspésienne fut-elle ostracisée dès la vingtaine et amèrement punie simplement pour avoir marché dans les rues du Vieux-Québec avec une amie, et, avoir eu, prétendument, une relation «homosexuelle». Sans plus d'éléments de preuve, fut-elle aussitôt «dégommée» et dirigée vers les psychologues pour déviation. Ainsi désorientée et privée d'une carrière respectable, sa vie fut-elle gâchée ; sa vocation, son acharnement à l'étude et ses brillantes performances injustement niées. Tout ça, pour cause d'amitié humaine prohibée... N'est-ce pas pour le moins choquant ?

Et pourtant, ce type d'incident singulier et cruel, où l'on a brimé la liberté d'une personne, s'est abondamment produit, et se produit toujours, dans de multiples circonstances et d'innombrables pays.

Nous constatons, de nos jours, en effet, dans bien des pays du monde, que certains dirigeants totalitaires établissent sans vergogne des lois instituant des procédés tortionnaires envers des contrevenants à leur diktat...

D'un point de vue humaniste, on peut certainement qualifier la morale de ces gens, chefs d'état ou d'institution, comme étant suspecte, notamment lorsqu'ils déclarent «non-naturelles» les relations sexuelles «non-reproductives». Ingérence pour le moins irrévérencieuse, dirons-nous, dans la vie intime et personnelle de leur compatriotes!

Chapitre 2

Humanophobie

Ce sont certes ces non-sens qui ont provoqué le plus ma curiosité à vouloir définir les motivations de comportements aussi barbares et virulents envers un phénomène social – l'amitié, l'affectivité entre personnes – qui, ma foi, concerne l'expression d'un caractère innocemment humain, méritant le plus grand respect, et ce, même entre personnes de sexes semblables.

Pensons seulement à tout ce qui est possible de réaliser lorsque prévaut la liberté d'association, d'alliance... Ce droit fondamental se trouverait-il en péril en notre ère? Comment, pour qui et pourquoi l'amitié entre deux personnes de même genre serait-elle menaçante?

En fait, chaque être a, à peu près, une chance sur deux de développer une amitié avec une personne de même sexe. Et lorsque arrive l'adolescence, bien peinée est celle qui doit se contraindre à la dure fatalité du déni, rongée par la peur de se voir rejetée ou carrément exterminée par le seul fait de sa pure rencontre amicale, si celle-ci s'avère être avec un personne de même genre. Quel cruel dénouement du jeune âge que d'être ainsi dépossédés du pouvoir de la tendresse!

Quelle est cette manipulation, venue d'un passé peut-être ancien ou plus récent, mais persistante, et qui, sans plus de fondement ni pertinence, a des répercussions absolument monstrueuses? Il y a forcément un fil conducteur pour expliquer l'existence d'un tel barbarisme face à l'association de deux personnes de même sexe.

La seule réponse logique selon mes recherches, ne peut se traduire que par la présence d'un dogme impératif de la reproduction forcée, tyrannie obligeant toute personne à la copulation reproductrice, et cela, même contre sa propre volonté.

Et à ce chapitre, plusieurs ont témoigné vigoureusement de la véracité de cette réalité. Par exemple, de 1945 à 1967, au Québec notamment, certaines personnes influentes auraient utilisé, entre autres, la menace d'excommunication ou de pâtir du feu de l'enfer pour forcer de jeunes fidèles à adopter certains comportements relatifs à leur intimité – abondamment décrits dans de nombreux témoignages, jusque dans les détails... – et réprimer ainsi la liberté individuelle. Pouvoir répressif et absolument immonde, créé par certains goujats déments, détraqués et pervers et dont les non moins odieux représentants font, sans relâche, la propagande.

Ces comportements prescrits veillent à restreindre toute personne à n'inscrire ses relations interpersonnelles intimes que dans une logique strictement reproductive. Et les directives sont claires: aucune sensualité n'est permise dans une cadre simplement amical ou ludique.

En fait, des pressions énormes sont exercées afin que la sensualité soit obligatoirement dirigée vers la conception. Pour cela, certaines consignes doivent être rigoureusement suivies: d'abord, la chose la plus importante, dans le cadre d'une logique d'accouplement à des fins de reproduction, est l'obligation de mettre en relation exclusivement les types femelle et mâle.

Et ensuite, dans ce but malsain de faire se déconnecter les gens de leur propre vie, de leurs propres sensations, on aura vu, au Québec, notamment dans les années 1940, '50 et '60, des règlements aussi empreints d'ignorance que d'absurdité, tel celui de vouloir retirer à une personne le droit à la jouissance.

Franchement, vous conviendrez certes que seul un esprit insensé peut croire pouvoir empêcher une autre personne de jouir. C'est pourtant ce qui se passait dans nos contrées. Et nombre de femmes croyant devoir se soumettre au diktat s'administraient des douches froides internes afin de réduire leur ardeur sensuelle. Mais, quand on y réfléchit, une personne, même totalement endoctrinée, et malgré toute tentative, ne peut réussir à soustraire son corps à la «sensation», celle-ci étant inhérente à l'essence de l'être. Et la sensation est l'essence de la jouissance.

Et la jouissance – avec ses degrés, ses amplitudes et ses infinies variations – est certainement un guide important dans nos décisions et actions. Même penser à vouloir tenter d'amputer une personne de sa faculté de jouissance est absolument démoniaque et marque une ignorance suprême de la biologie humaine. Ce qui donne à croire à l'expression du signe d'une profonde psychopathie de ses auteurs.

« L'Amour Écologique » est une thèse qui montre la corrélation entre problèmes sociaux et dictature. Et le diktat le plus pernicieux concerne certes l'obligation d'entretenir des rapports humains centrés sur la reproduction, que je reconnais comme étant la plus vaste supercherie, atteignant des niveaux inégalés de concrétisation.

Et cet état de fait conduit la population mondiale à vivre dans des conditions de vie miséreuses, voire intolérables. Diktat visant l'empêchement à vivre l'amour pur et simple dans plusieurs pays ; des violences sans nom étant odieusement orchestrées et commises contre amoureuses et amoureux de même genre.

Et, il semble que cette dictature empoisonnée se serait amplifiée depuis la seconde guerre mondiale, qui servit certainement de levier de terreur pour asservir les populations visées.

De sorte qu'aujourd'hui, nos gestes semblent demeurer liés à une sexualité minutieusement calquée sur ce modèle imposé. Et s'ensuit la valse des enfants qui font des enfants qui font des enfants, perpétuant soigneusement l'obéissance de reproduction – en concordance ou contre leur gré – et, inlassablement, chaque enfant devenu grand, tente, avec génie, il faut l'avouer, de se tailler une place convenable dans ce monde subjugué, où l'outrance aura fait ses ravages : notre nombre ayant dramatiquement augmenté depuis seulement deux cents ans.

Chapitre 3

Démographie

Ce tableau onusien de la population mondiale fait état de

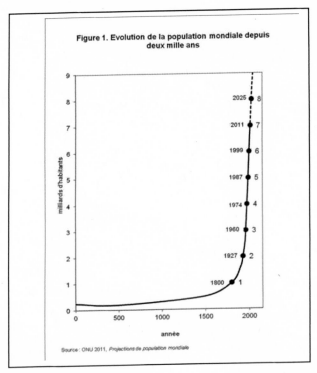

Figure 1. Evolution de la population mondiale depuis deux mille ans

l'ascendance spectaculaire de sa courbe évolutive depuis l'an 0 de notre ère. *(Cf.* http://encyclopedie-dd.org*/encyclopedie/terre/les-perspectives-demographiques.html).* Comme si certain.e.s, avec les avancées technologiques et les possibilités d'industrialisation, avaient entrevu, en 1800, la possibilité extraordinaire de récolter des revenus croissants, et ce, de façon exponentielle – en se servant des êtres comme des pions –, et d'exploiter l'emploi, souvent sous-rémunéré et au détriment de la majorité, dans un contexte de surpopulation constant. C'est comme si les mathématiques avaient fait miroiter à certain.e.s, par des calculs élémentaires, les profits mirobolants liés à l'orchestration d'un éventuel accroissement de la population.

Ainsi parfois, des populations nombreuses, privées d'essentiel, devenaient des proies faciles à l'embauche massive et irrationnellement sauvage.

Évidemment, la responsabilité revient à chaque être de prendre conscience de la portée de ses gestes, même les plus intimes. Mais il est certain que devant la pression politique, sociale et celle notamment de nos proches, nous choisissons ensuite parmi les comportements les moins périlleux et avons tendance à vouloir performer à partir de valeurs les plus socialement acceptées.

L'enseignement revêt donc une importance cruciale dans le choix de comportement de chaque être. Et, malgré que tous aient reçu le même enseignement, tous n'auront pas nécessairement le même comportement. Cependant, l'enseignement à ce point strict et rigoureux ne laisse guère de place à la liberté d'action. Et, bien que les apparences ne le laissent pas toujours présager, c'est ce à quoi on assiste en matière de relations amoureuses. La consigne est claire, et y déroger vous met automatiquement en situation dangereuse. «Accouplez-vous et procréez»: voilà la règle de vie la plus répandue dans le monde en ce moment.

Cependant, dans les pays les plus libérés, nous assistons à un changement dans les pressions à se reproduire. Ainsi, s'est installé un large mouvement de reprise en charge de décisions personnelles pour contrôler sa propre reproduction – parfois même de ne pas procréer du tout – et ce, malgré l'opposition de certains courants de pensée, dont des économistes frileuses, frileux, qui auraient tendance à préconiser, sans réfléchir, la hausse du taux de natalité invoquant – foutaise – tantôt l'ampleur du remboursement de la dette nationale, etc...

Pourtant, moult scientifiques, démographes, économistes, sociologues et autres, conviennent, comme une bonne partie de la population en général, que la reproduction libre et éclairée, au sein d'une société, fait en sorte que la population varie de façon plus organique, et permet ainsi une meilleure intégration sociale, favorisant l'émergence de la santé financière particulière de tous les citoyens.

Aussi, le but recherché par différents intervenants politiques peut être fixé, variablement, au mieux sur le bien-être de la population ou, plus froidement, au pire, sur la croissance de certains indices économiques spécifiques, qui ne serviraient à l'avantage que d'un infime pourcentage d'individus.

On comprend, par exemple, que pour faire croître ses ventes d'automobiles, une compagnie puisse être encline à militer en faveur de l'accroissement du nombre de consommateurs.

Par contre, pour améliorer les conditions de vie, il faut considérer le revenu per capita, et certes mettre de l'avant des politiques d'accès au capital, en octroyant des prêts aux petites et moyennes entreprises, notamment.

Il est de mise aussi de promouvoir le fait pour chaque individu de pouvoir prendre des décisions éclairées, basées sur sa capacité à gérer convenablement sa propre vie, et, s'il en est, l'évolution de sa progéniture. Dans quel cas, sera encouragée plutôt la reproduction libre et naturelle, dans un contexte de relations amoureuses écologiques, où les conditions de vie des géniteurs potentiels sont garantes d'un apport adéquat de soins pour eux-mêmes, et, le cas échéant, pour leur descendance.

Et dans le contexte, justement, d'une réelle liberté d'association, quel serait le taux de natalité organique ? Un taux certainement mieux adapté à l'accès aux richesses disponibles et à des ressources de qualité... Merci.

Deux forces se confrontent ici. D'une part, l'existence de mécanismes musclés de coercition visant la reproduction à outrance de certains peuples ainsi avilis. D'autre part, il y a ce mouvement d'expansion des pouvoirs humains de chaque individu, par l'acceptation de l'*Amour Écologique*, pur et simple.

Pensons notamment aux fortes tentations à promouvoir la copulation obligatoire, au sein d'une autorité centrale, par exemple, dans un système politique quelconque, où les dirigeants, calculant les taxes et redevances, estiment – avec grand intérêt – les surplus engendrés par la projection d'une éventuelle augmentation du nombre de sujets!!

Ainsi, selon la source *(Cf.* http://fr.wikipedia.org/wiki/Population_mondiale*)*, l'estimation de la démographie depuis la nuit des temps ressemble à ceci:

Année	Population mondiale
-100 000	0,5 million
-10 000	1 à 10 millions
-6 500	5 à 10 millions
-5 000	5 à 20 millions
400	190 à 206 millions
1000	254 à 345 millions
1250	400 à 416 millions
1500	425 à 540 millions
1700	600 à 679 millions
1750	629 à 691 millions
1800	0,813 à 1,125 milliard
1850	1,128 à 1,402 milliard
1900	1,550 à 1,762 milliard

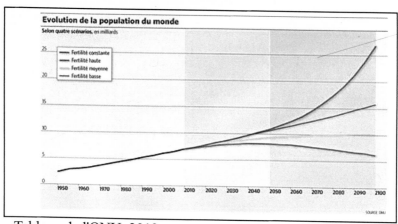

Tableau de l'ONU, 2013.

(Cf. http://fr.wikipedia.org/wiki/Population_mondiale)

Contrairement à bien des estimations qui ne soupçonnaient pas le pouvoir des individus à contrer l'augmentation démographique, dans le tableau ci-haut, les nouvelles projections démographiques des Nations-Unies, publiées au printemps 2013, tiennent compte d'une possible fluctuation de la croissance démographique. Trois scénarios différents ont donc été élaborés, basés sur des fertilités haute, moyenne et basse. Ainsi, selon le taux de fertilité qui sera celui des années futures, la population mondiale en 2100 se chiffrerait respectivement à 15,8, milliards, 10,1 milliards et 6,2 milliards. A titre de référence, elles indiquent que si le taux de fertilité restait à son niveau actuel, la population mondiale s'élèverait en 2100 à près de 27 milliards.

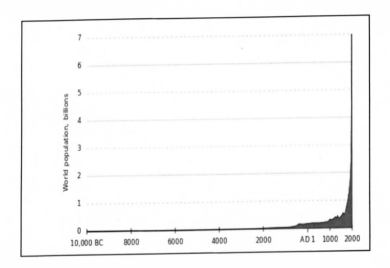

(Cf. Compilation de l'accroissement des naissances au fil du temps.
http://fr.wikipedia.org/wiki/Population_mondiale)

Évolution de la population mondiale entre 10 000 av. J.-C. Et 2 000

On estime qu'en l'an 0 la population mondiale était de 170 millions d'habitants.

Entre 540 et 770, la peste aurait tué 100 millions d'habitants. Durant cette période, la population serait restée stable à 190 millions d'habitants.

En l'an 1000, la population atteignait 310 millions d'habitants.

En 1500, la population atteignait 425 millions d'habitants.

En 1815, la population atteignait 1 000 millions d'habitants.

Jusqu'en 1815, la population augmente au plus de 4 millions d'habitants par an. (Forte mortalité infantile + espérance de vie inférieure à 40 ans).

Les guerres et les pandémies n'ont eu que peu d'effet négatifs sur la croissance démographique globale.

En 1850 (révolution industrielle) 1 260 millions

En 1900   1 650 millions

En 1927   2 000 millions

En 1960   3 000 millions

En 1974   4 000 millions

En 1987   5 000 millions

En 2011   7 000 millions

La plus éloquente ascension se passe au XIXe siècle, où on peut certes déceler les tentations de l'industrie pharmaceutique, alimentaire, ou encore de l'industrie des télécommunications, du transport en général, de l'informatique, ou autre, de promouvoir l'augmentation du nombre d'humains. Et, actuellement, ces tentations sont absolument réelles et évidentes: de fortes pressions sont en effet exercées sur la population générale, en vue de faire accroître, sans réserve et sans vergogne, dirais-je, l'indice démographique de certaines populations, et encore, de la population mondiale.

Et l'outil premier, dont ces instances multiples usent abondamment, est de tenter de limiter la liberté d'association, par l'imposition du modèle «f/m» où la copulation est carrément «systématique». Et son corollaire, sur la scène politique de tous les continents du monde, est la farouche opposition à l'*alliance* de deux êtres de même sexe. S'il n'existait pas de volonté d'obliger les gens à s'accoupler en mode «f/m», il n'y aurait certes pas de profonde obsession à réprimer l'homo-amitié, l'homo-sensibilité, l'homo-sensualité, et même l'homo-tendresse avec tant d'acharnement et de de détermination!

Quels sont les justifications d'une telle violence des autorités en place envers le rapprochement de sujets de même sexe? Quelle est la légitimité de cette école de pensée relevant parfois d'une alliance avec une ou plusieurs églises? Dans un époque où les bouleversements écologiques dû à la surpopulation et le processus d'épuisement des océans et des sols sont entamés, on peut certes se questionner sur les actions à poser pour contrer, de toute urgence, l'incongruité d'assauts si profonds de la part de certain.e.s dirigeant.e.s.

Deuxième partie : *SEXUALITÉ BIAISÉE*

Chapitre 4

Les Balises

Qu'advient-il justement des situations où deux personnes de même sexe ne commettent pas vraiment ensemble de gestes définis comme des relations sexuelles génitales ? Qui ose prétendre que deux personnes de même sexe qui se tiennent par la taille, par exemple, ont inévitablement des comportements sexuels répréhensibles? Et quels sont exactement ces comportements jugés délictueux par les autorités en place? Quelle en serait, selon eux, la description? Où est la limite entre la tendresse et la sensualité? Et qui prétend en fixer les balises?

Et si, par exemple, une personne intersexe aime une autre personne intersexe, selon quelles normes seront-elles jugées? Voilà une interrogation majeure! S'il devait se produire que ces personnes ne s'identifient à aucun des deux autres genres ? À moins qu'elles ne choisissent l'un.e et l'autre d'appartenir chacun.e à un des deux genres admis, différents... quitte à inverser les rôles de temps en temps, quoi?... N'est-ce pas tordu comme proposition sociale?

Cf. Le baiser fraternel entre Brejnev (URSS) et Honecker (RDA-Allemagne de l'Est) prise en 1979 par le photographe français Régis Bossu à l'occasion du trentième anniversaire de la RDA.

Voilà un baiser fraternel ! Comme c'est magnifique, cette paix, cette tendresse ! Comment se fait-il que nous ne puissions plus bénéficier de l'expression d'une telle tendresse, en Russie, de nos jours ? Comment est-ce qu'un pays peut empêcher les gens de simplement se «rencontrer» chaleureusement ? Quelle ignominie! On n'y a pas le droit de se serrer dans nos bras, mais, de l'autre côté, on oblige à la pénétration et l'éjaculation dans l'antre de l'autre !!! N'est-ce pas une consigne des plus illogiques?

La plus franche question à poser, il me semble, n'est pas «avec qui on fait» des choses, mais «qu'est-ce qu'on fait» exactement comme gestes intimes? Voilà un enjeu hautement plus important. Et, pourquoi prétendre à priori, et automatiquement, que les gens ont des intimités totalement similaires? D'où tiendriez-vous une certitude pareille? De la dictature, qui vous impose non seulement la normalité selon le genre, mais aussi selon les gestes et leur caractère reproductif? De sorte que, bien que votre volonté ne soit pas de vous reproduire, les gestes de reproduction vous semblent inévitables, à tel point que vous devez constamment recourir à un subterfuge anticonceptionnel! N'y a-t-il pas là le signe d'un subtil endoctrinement?

De même, quand certaines personnes lient la venue des anovulants à la liberté sexuelle, sont-elles carrément dans le champ!! Aussi, le mouvement féministe – et l'énergie qu'on y a mise à tout remettre en question – nous aura appris assez explicitement à se réapproprier la jouissance sexuelle en toute simplicité, sans artifice ni astuce, sans dérobade ni échappatoire, sans esquive ni faux-fuyant, sans ruse ni stratagème, demeurant en dehors de la dynamique anticonceptionnelle/conceptionnelle, et subsistant plutôt dans un contexte exceptionnel où le désir est joie, et la tendresse, maîtresse!

On ne peut être appelés à plus d'évidence : les gestes prescrits – entre autres, la conception (pénétration et éjaculation dans un orifice) – s'avèrent présentement inadéquats au plus haut point. Ainsi, Santé Canada affirme qu'entre 70% et 80 % des personnes actives sexuellement contracteront des maladies «sexuelles». Décidément, avec un taux si énorme d'infections, il est clair que le modèle de relation que la plupart des gens adoptent est inapproprié !

La question qui vient automatiquement à l'esprit fait référence aux critères effectivement utilisés par Santé Canada pour déterminer l'activité sexuelle. Dans l'ensemble de la littérature, le schéma de reproduction est omniprésent: l'activité «reconnue et acceptée, voire encouragée» demeure celle de reproduction ou sa copie conforme.

Cependant, ces gestes de reproduction, abondamment médiatisés et utilisés, notamment dans l'art cinématographique, etc., pour suggérer la sexualité, ne représentent qu'une partie de la vérité.

Heureusement, il existe des alternatives plus triomphantes, dont le *Outercourse*, qui s'apparente sensiblement au concept d'*Amour Écologique*.

Chapitre 5

La liberté

Une autre partie de la réalité est de fait plus intérieure, moins perceptible, plus privée et personnelle. La sensation de bien-être est universelle et c'est probablement elle qui mène vraiment l'être: c'est la quintessence humaine. Mais l'histoire de cette sensation n'est que très peu promue, quoique infiniment évoquée dans l'art, de tout temps. C'est pourtant elle qui, d'un point de vue humaniste, mérite l'ultime importance. On pourrait la nommer «énergie sacrée», cette sensation qui occupe la place suprême au chapitre de la jouissance sexuelle et que, par ailleurs, le mouvement féministe a réussi à retracer et réhabiliter dans nos corps, et de facto, dans nos vies.

À la lumière de la valorisation de la «sensation» en lieu et place de la prise en compte du sacro-saint geste de reproduction et de ses copies, on découvre dans les propos homophobes les signes d'une perversité de vision, ancrée dans les mentalités les plus virulentes de la planète. En fait, des esprits malins qui s'offusquent inopinément de l'amitié de gens de même genre démontrent, par leur véhémence, que des schémas stéréotypés et déviés hantent leur jugement.

En fait, en voyant des amis se tenir par la main ou se donner un doux baiser, les homophobes supposent, sans savoir, que ces personnes ont des relations sexuelles d'un type tel qu'ils se représentent avec leur imagination propre : pénétration, sodomie, fellation. Cependant, ces pratiques ne correspondent vraiment pas nécessairement à la réalité. Plusieurs personnes «gaies» interrogées, confirment, dans leur témoignage, ne pas être à l'aise avec le modèle de l'hétérosexualité et les relations empreintes de génitalité qu'il suggère. Elles précisent en effet préférer les relations sensuelles et entretenir des rapports plus affectueux que génitaux, les menant tout aussi parfaitement à l'extase sexuelle. Bien sûr, une certaine faction endoctrinée s'adonne à des activités sexuelles dont, notamment, la sodomie, mais souvent, selon mes sources, ces gens proviendraient du milieu de l'hétérosexualité – et ne connaissent pas mieux –. Ils seraient plus enclins à se vautrer dans une sexualité à risque, qui ne correspond en rien aux valeurs et aux sensibilités véritablement homophiles. Entre gens de même genre, on a tendance à ne pas jouer ce genre de rôle avilissant. On aime à se respecter et développer des relations saines, avec la tendresse qui se dégage de relations plus intenses et plus marquées par la solidarité.

Aussi, parmi la population qui entretient des rapports «homos», nous constatons une forte présence de l'amitié et de l'entraide comme lien indéfectible qui caractérise justement les alliances «gaies». Et ce qui définit le mieux les activités de cette communauté, c'est le respect, l'amour, la franche camaraderie et la communion des êtres.

Heureusement, on assiste au déclin de la force du diktat des années d'après-guerre. Aussi, de moins en moins de gens se comportent comme l'industrie souhaiterait les voir faire.

Et cette liberté, chèrement gagnée, nous a amenés à repenser et rectifier l'éducation reçue pour ainsi faire de nos rapprochements des lieux de spiritualité, de paix et d'amour. Nous nous sommes affranchis de l'oppression des dictatures impérialistes qui caressaient le désir de nous compter comme des pions dans leur échiquier personnel et professionnel, et comme de simples consommateurs de leurs biens, sans âme et sans valeur.

En effet, au sein de nos sociétés modernes, on constate l'augmentation d'une population libre où le nombre de naissances est plus organique. Et, dans cette tendance au développement durable, s'ensuit une répartition plus juste des ressources: les plantations biologiques fusent, la permaculture prend de l'ampleur ; la coopération, la démocratie participative et les activités socialement responsables se multiplient. Le beau, le bien, la paix et l'harmonie s'installent!

Cependant, parallèlement à cette évolution plus naturelle, une certaine dictature continue sournoisement à se manifester dans les sombres recoins de nos sociétés modernes en pleine ébullition. On note, en effet, la présence de sous-groupes qui installent un type de fonctionnement théocratique avec ses lois propres et où la reproduction forcée demeure au centre du diktat. La reproduction forcée et obligatoire règne dans ces groupuscules et est sise au sommet de la hiérarchie de leur pensée. Tout est basé sur ce principe incontournable de l'accouplement «f/m» et de la famille à constituer. L'accroissement de la population, comme une obsession, servant notamment à la conquête du territoire. Et ce phénomène s'est répandu dans plusieurs pays où les institutions démocratiques sont demeurées incrédules face à l'existence d'un tel complot.

Le peuplement est pourtant ouvertement utilisé comme arme de conquête. Et, d'un point de vue scientifique, humain et sociologique, les esprits sains conviendront avec moi qu'il est totalement «non éthique» que de faire une course au peuplement parmi les ethnies. À qui fera le plus d'enfants, voilà le règne d'un régime de terreur absolument incompatible avec l'idéologie de liberté qui soulève nos passions!

Effectivement, ce à quoi on assiste aujourd'hui est une farouche opposition entre totalitarisme et liberté, avec infiltration soutenue de l'un chez l'autre. Les frontières d'un pays, qui servent justement à préserver en son enceinte les lois et encadrements d'une certaine liberté, choisie et promue par ce même pays, sont traversées par des hordes d'expatriés qui tentent, au vu et au su de tous, de ravir ces territoires étrangers, en y faisant régner leur propres systèmes politique et social, et leurs propres règlements théocratiques, ainsi que leurs code civil et criminel correspondants.

Et, face à cette situation, certes, les défenseurs de la liberté se doivent de déployer les mesures de contrôle qui permettent de préserver les acquis moraux de ces pays dits démocratiques aux prises avec ce problème. Aussi, on comprend de mieux en mieux ce défi de taille où une théocratie féroce tente de s'affirmer au coeur d'une société donnée, et par là, menace le principe même de liberté de la personne. La démocratie a intérêt à ouvrir grand les yeux devant ce tour de passe-passe intellectuel qui brandit le spectre du multiculturalisme, et du droit à la liberté de religion, pour revendiquer insidieusement le droit usurpé de liberté de système politique et de liberté de code civil, de code criminel.

En fait, comme en théocratie tout relève du religieux, certains éléments virulents désirent imposer leur système politique et leurs lois dictatoriales sous le couvert du multiculturalisme et du principe de liberté de religion. Sauf que dans les pays démocratiques, liberté de religion (relation entre l'être et l'au-delà) n'égale pas liberté de système politique (mode d'organisation d'un État), ni liberté de code civil (qui régit les rapports entre les personnes), ni liberté de code criminel (loi contenant les crimes pouvant faire l'objet de poursuite criminelle dans un pays donné). Ainsi, la démocratie et ses codes s'appliquent également à tout citoyen, peu importe ses croyances. La loi c'est la loi.

Aussi, dans ce contexte, la course actuelle au peuplement manque totalement d'éthique humanitaire. En fait, cette logique suppose que pour imposer la suprématie de certaines valeurs, il faille entrer dans une compétition «à qui fera le plus d'enfants» !!!! Et c'est exactement ce à quoi les populations libres sont confrontées en ce moment. En effet, comment voir autrement la progression arithmétique de l'accroissement démographique d'une population qui, soumise à l'obéissance au diktat de la reproduction forcée et obligée, se multiplie allègrement selon une progression, par exemple, de 6 enfants par couple.

On comprend facilement que ces chiffres provoquent sans contredit la salivation des dictatrices(teurs) qui y voient, en quelques générations, l'augmentation exponentielle des profits venant de la multiplication de leurs sujets, et la prise de possession d'un territoire hautement convoité.

Chapitre 6

L'éthique et le peuplement

Ainsi, 6 x 6 x 6 x 6 x 6 x 6 = 46 656, à la 6e génération donc, pour chaque couple de départ, il pourrait y avoir procréation de 46 656 êtres. Et selon certaines proclamations, on anticipe un scénario où ces êtres, issus d'une théocratie totalitaire et déterminés à défendre leur religion, prendraient tranquillement mais vivement un certain espace où la reproduction obligatoire est centrale, emprisonnés dans leur système de pensée et jugés selon leurs codes, leurs lois et leur vision où les non-membres de leur communauté sont honnis, bannis.

Le vertige de l'infinitude des nombres pourrait bien avoir appelé dans son sillon les plus pervertis des gouvernants – qu'on soupçonne parfois être de fervents consommateurs de drogues, poisons ou autres substances psychotropiques synthétiques – appliquant leur dictature avec frénésie et mettant en place une vaste stratégie de peuplement. Voilà le portrait de dirigeants de tout acabit, obnubilés par le spectre d'une augmentation maximale de la population et de ses effets multiplicateurs de richesse, favorisant grandement l'essor de certaines grandes fortunes précisément liées à ce phénomène.

Ce régime avilissant, avec ses commandements et châtiments, a fait de nombreuses victimes, notamment en pays d'Amérique, durant la période d'après-guerre, où il y eut une véritable collusion entre l'église et l'état. Quiconque y dérogeait était excommunié et subissait les pires menaces et sévices. On nous a rapporté le cas d'une paroisse où une propriétaire aurait vu sa maison brûlée et pillée par le curé et ses acolytes, pour être simplement demeurée célibataire.

La population entière était ainsi forcée à copuler dans une hégémonie démentielle. Mais voilà que les peuples d'Europe et d'Amérique ont réussi, dans les années '70 notamment, à démanteler complètement les instances qui détenaient par la force ce pouvoir autoritaire.

Là où on s'attendait à reconnaître des pensées d'amour universel, dans des religions de toutes sortes, règne plutôt la soumission de tous à un schéma où la reproduction est centrale. Cela, on le connaît très bien aussi. Cependant, les citoyens du Québec, notamment, ont réussi, par la révolution tranquille et le féminisme, à constituer une société empreinte de liberté dont l'élément le plus fondamental est certainement le libre arbitre devant le spectre de la reproduction.

Grâce à la merveilleuse force issue de l'acharnement des populations engagées dans un mouvement mondial de libération, et de tous ces êtres épris d'humanisme, plusieurs sociétés ont pu se hisser hors de l'emprise du totalitarisme d'après-guerre.

L'idée ici n'est pas de comparer des systèmes politiques en encourageant une pensée au détriment de l'autre, mais essentiellement de défendre l'existence et la persistance, explicitement dans nos contrées, de cet acquis irréductible qu'est la liberté de reproduction!

Mais encore faut-il que cette liberté soit présentée comme telle aux nouveaux citoyens; nouveaux nés ou nouveaux arrivés.

Notre grand pouvoir est d'être libre et de défendre cette liberté. Et être bien, être libre, implique l'amour et le respect de soi et des autres, respect du système politique d'un pays, de son code civil et son code criminel.

Chapitre 7

La solidarité

Et l'action s'accomplit avec tant de grâce, en solidarité. Le choix de donner naissance ou non, à tout moment dans la vie d'une personne, dans un pays libre, amène inévitablement à former une société mieux équilibrée par rapport à la disponibilité des ressources. Il faut avoir le courage du choix de la vérité et de l'honnêteté en ce qui concerne notre faculté individuelle de reproduction et des décisions éclairées qu'elle suggère, vu la gravité du geste. Le fait de défendre la liberté profonde de choisir représente une prise de position écologique d'une importance primordiale qui a notamment comme fonction de rétablir l'aspect organique de la démographie et de ses effets sur l'environnement.

Et ce projet de société représente exactement l'idéal de ce nouveau millénaire, où majoritairement avons-nous choisi de réagir et prendre solidairement notre destinée en main, considérant notre pouvoir à contrer la surpopulation actuelle dans le pacifisme.

Les lois démocratiques, basées sur le respect de la paix et de la liberté, sont très claires, et donc, tous les moyens légaux peuvent être déployés afin de garantir la pérennité des valeurs humanistes à l'intérieur des frontières de tels pays démocratiques.

Et, très certainement, la reproduction forcée, humainement inacceptable, pourrait être considérée comme une des causes principales des graves problèmes sociaux mondiaux, notamment la pauvreté et la violence.

Ainsi, avec un peu de confiance en l'intelligence humaine, en l'instinct de l'être humain, en notre conscience et notre faculté de réflexion, sommes-nous enclin.e.s à croire en la reproduction organique comme vecteur de succès.

Mais pour garantir l'accès au libre choix, il faut s'assurer que l'information véhiculée au sujet de la reproduction soit telle qu'elle reflète bien ces valeurs et que l'enseignement transmis soit conforme au principe de liberté d'association, donc, exempt de toute homophobie.

Il se fait actuellement un travail extraordinaire afin de remettre en force le respect des choix individuels d'amitié et éliminer les pressions indues face à des comportements plus libres concernant l'habillement et les détails de l'allure des personnes.

Heureusement, assiste-t-on au démantèlement de la systémique rigidité qui a habité nombre de foyers par le biais de l'église, de l'état et de la population elle-même se retrouvant convertie, par la force, à l'idée de l'instauration de ce régime d'enfer où chaque être devait se conformer à une suite de rites et de codes vestimentaires pour le moins avilissants.

De fait, pour honorer cette position inébranlable en faveur de la liberté de reproduction, il faut défendre aussi très fermement le principe de liberté d'habillement – suivant les règles de la décence, évidemment –, de coiffure, d'association et de tendresse.

De toute évidence, les enseignements contraires à ces principes, dont les pratiques de terreur, enfreignent les lois des sociétés démocratiques. Il nous faudra certainement brandir bien haut nos convictions, traduites dans nos codes et chartes, et faire en sorte que les coupables de violation des droits fondamentaux soient informés de la marche à suivre, et le cas échéant, jugés en conséquence de leurs actes, dont l'enseignement de préceptes haineux est certes le plus répréhensible.

Au Canada comme ailleurs, est à prévoir la tenue d'états généraux sur ces sujets sensibles. Par exemple, il est impératif que l'article 319 du code criminel canadien soit amputé de la clause émise au paragraphe 3, alinéa b), puisqu'il va totalement à l'encontre des valeurs, et donc, de la position juridique canadienne par rapport à la propagande de la violence – *voire chapitre 12* –.

Quelles cases sont réservées aux êtres humains actuellement? Quelle alternative a-t-on, en société, véritablement, lorsque les options possibles, autres que le choix principal, impliquent le rejet? En fait, à l'heure actuelle, les propositions d'accouplement sont encore tellement restrictives que leur étroitesse laisse pour contre d'innombrables individus qui ne se reconnaissent en rien dans les définitions usuelles.

Prenons simplement cette étiquette d'«homosexuel.le» accolée à une personne. Disons d'abord que dans un français correct, l'homogénéité doit obligatoirement être constituée de 2 éléments, or une relation entre deux personnes peut, oui, être qualifiée d'homosexuelle, mais pas un individu unique. Donc «êtes-vous homosexuel.le» est une question dont la syntaxe est totalement erronée. La véritable question est plutôt: avez-vous déjà eu une relation sexuelle avec une personne de même genre que vous?

La première embûche concerne évidemment le fait d'identifier le genre de cette autre personne. Car comment nommerait-on la relation de deux intersexes qui ne seraient pas fixés sur leur identité de genre? Homo ou hétéro? Pour être en accord avec le principe du respect de l'intersexualité, nous devons donc considérer 3 genres. Alors, la question de l'homosexualité ou de l'hétérosexualité perd de son importance, du fait même de la difficulté de distinguer parfois le genre ou l'identité. Et dès lors, on est plus enclins à accorder le même statut à toutes les possibilités d'association : f/m, f/i, m/i, f/f, m/m, i/i.

Chapitre 8

L'intimité

En fait, dans le concept de l'*Amour Écologique*, l'importance n'est pas tant de savoir le genre des personnes qui ont une relation, mais surtout quel genre de relation intime ils entretiennent.

Comment définira-t-on le degré d'intimité d'une relation? La démarcation n'est pas toujours évidente entre relation amicale et relation sensuelle, bien que certaines personnes veuillent croire, et faire croire, qu'il existerait un consensus à ce sujet.

Alors, tentons d'abord de définir au mieux en quoi consiste une relation sexuelle ? Officiellement, on parle volontiers de coït, dont la définition première serait la pénétration du pénis dans le vagin. Et c'est justement contre ces définitions empreintes de préjugés et qui intègrent de façon grossière certains usages et désignations abusives, que s'élève mon propos. Une relation sexuelle est-elle absolument une relation où il y a attouchements des parties génitales, exemple? Parle-t-on plus ici d'action ou de ressenti ? Y a-t-il place à l'expérience de la jouissance sensuelle ? Définir la relation sexuelle seulement par la gestuelle reproductive, n'est-ce pas mettre de côté le fait que la libido a elle-même ses lois internes qui vont bien au-delà des actions dirigées vers les parties dites génitales ?

Parce que, dans les faits, on s'entend, on peut tout aussi bien avoir une relation sensuelle et très excitante, expérimenter l'orgasme et tout, et ce, sans aucun attouchement des parties strictement génitales, telles qu'identifiées dans les schémas dualistes femme-homme.

Et que dire des relations plus, disons, génitales, qui peuvent, à l'occasion, être tout aussi dénuées de plaisir pour l'un.e ou l'autre ou les deux partenaires, le cas échéant, et être même le théâtre d'une horreur sans nom. Certains blogues font même état du fait que plus de 40% auraient confessé ne pas retirer de plaisir avec la génitalité.

Mais, peu importe le pourcentage, il est clair que les définitions usuelles, implicites et sous-entendues, les extensions et expressions générales qui englobent fastidieusement les pénétrations diverses, ne rendent pas justice à la grandeur et la beauté de la réalité vécue, ou souhaitée.

On assiste à tant d'aberrations dans ce domaine, par exemple, lorsqu'on parle de cyprine. Il est inimaginable – et pourtant bien réel – de constater que certains groupes considèrent la cyprine comme signe de malpropreté... Cela se passe, en effet, selon toute vraisemblance, en Afrique australe (*Cf. THE LANCET, Volume 352, Page 1292, October 17, 1998. Concern voiced over "dry sex" practices in South Africa*) où on procède à l'aspiration pure et simple de la cyprine, pour assécher l'orifice vaginal, avant un accouplement. On note évidemment que faisant de la sorte, la pénétration devient alors très douloureuse pour la femme!!!! Ce n'est encore qu'une preuve que toute sensualité est prohibée, toujours au profit d'une reproduction amputée de sa sentimentalité, pour l'un.e comme pour l'autre.

Dans les concepts voisins, nommons encore l'impensable règle religieuse qui cherchait à imposer la non-jouissance des femmes!! Le simple fait de croire que cela puisse même être possible de réprimer sa propre jouissance est une aberration. Primo, tout humain sait pertinemment que la jouissance intime et personnelle est totalement et constamment présente en nous – à différents degrés, selon le moment, bien sûr – qu'elle fut provoquée par la vue d'un éléphant, d'un mammifère marin, d'un homme, d'une femme, d'un intersexe, qu'elle soit due à une augmentation de salaire imprévue ou à un gain substantiel, à un succès d'affaires ou la vente d'un immeuble, à la vue d'une autoroute ou d'une forêt humide, d'une ville, de ses gratte-ciel ou d'une rivière à saumon, à la consommation de bleuets fraîchement cueillis, de fraises, cerises, framboises ou carottes crues, et j'en passe!

Ainsi, des personnes, appartenant souvent à des communautés religieuses diverses, croient pouvoir tenter de s'opposer, encore de nos jours, à la jouissance humaine. Pourtant cette jouissance est partout, comme la divinité. Elle est partout, toujours. On ne peut s'y soustraire. Ça tient en effet de l'effronterie que de même penser imposer l'idée de s'y opposer. Il faut être complètement hors de son propre corps pour ne pas ressentir cette joie subtile qu'on nomme la libido ou l'énergie sacrée. Voilà la réalité. La libido est personnelle et fluctuante, et elle est ressentie dans des situations et conditions diverses qui dépassent bien largement la volonté humaine. Elle est source privilégiée d'information sur ce qui survient dans notre propre existence et vecteur de créativité. Elle renseigne et inspire dans le travail, le développement des affaires, dans l'art, etc., etc.! La libido est une question de ressenti et existe a priori. Elle est en nous, point à la ligne. Notre relation au monde extérieur est infinie et ainsi est notre relation à l'énergie et au magnétisme.

En conclusion, nous pourrions affirmer sans plus de préambule que la question «a-t-on eu une relation sexuelle avec telle ou telle personne» manque littéralement de précision, voire d'élégance....

Parfois, en marchant dans la rue ou sur le bord d'un fleuve ou de la mer, on a pensé à une personne qu'on aime et on a senti monter en soi l'énergie sacrée. Est-ce sexuel, sensuel? Le fait est qu'il s'est bel et bien passé quelque chose d'intime et personnel et qui démontre encore un fois que la simple génitalité n'est pas reine de la jouissance.

Et puis, pourquoi ne pas parler d'expérience sexuelle au lieu de relation, puisque c'est bien le ressenti qui importe.

Et puis, qui «veut» savoir quoi exactement, sur ce sujet pour le moins délicat? Qui pose quelle question, à qui et dans quel but? Voilà des détails d'une grande importance...

Quelles sont aujourd'hui les attentes relatives aux relations? Quels schémas habitent les esprits?

En notre siècle nouveau, la littérature fait état de la grande mode où, dans certains milieux, sont définies les relations sexuellement louables comme étant une série de gestes comportant quasi obligatoirement le cunnilingus, la fellation, et plus récemment, introduisant le culte de l'anulingus. Il est advenu presque un genre de normalisation chez des êtres humains qui se voient – ou se croient – inscrits dans la modernité, que de vanter les scènes de ce type et en construire même un modèle rigide, duquel on ne pourrait apparemment déroger. Et c'est international, cette notification d'un mouvement grandissant de la valorisation de l'anulingus ! Wow !

(Cf. *www.terrafemina.com/.../22518-sodomie-**anulingus**-les-derrieres-du-sex...* 12 févr. 2013)

Oh!! Permettez-moi un léger sursaut! En effet, des notions élémentaires de biologie suffisent pour reconnaître la potentielle occurrence de maladies virulentes provoquées par les sécrétions anales... D'ailleurs, n'apprend-on pas scrupuleusement à l'enfant, dès son plus jeune âge, à gérer ses rejets – à un an, on sait ça...–.

On leur transmet aussi rigoureusement les mesures d'hygiène de ses propres orifices, évitant les jeux avec les excréments justement à cause de l'imminente potentialité de propagation de bactéries infectieuses. Alors, comment les jeunes gens sont-ils amenés, voire forcés, à intégrer dans leur esprit le fait que les relations sexuelles puissent faire fi, tout d'un coup, de ces sages enseignements?

C'est sûr que les lois de la biologie et de la microbiologie portent en elles cette malheureuse fatalité où les maladies n'apparaissent pas instantanément, mais à retardement. Difficile, donc, de démontrer le principe de cause à effet dans une telle affaire – la sexualité – à ce point portée aux nues.... Il faut voir ici combien le nombre de jeunes, d'adolescents et d'adultes, victimes de ces atteintes parfois bénignes parfois graves, est effarant!

Il faut voir aussi ce qui en est dit: la banalisation, voire la valorisation subtile de ce genre de manipulations physiques – la sodomie, l'anulingus, etc. – est drôlement symptomatique.

Vues comme de simples synonymes de transgression mais aussi surtout présentées innocemment comme sources de plaisir, les pratiques sexuelles anales se généralisent. Massages, *anulingus*, sodomie.

«L'anulingus, ou anilinctus voire anilingus, est une pratique sexuelle consistant en l'excitation buccale de l'anus ou du périnée.»
*(Cf. fr.wikipedia.org/wiki/**Anulingus**).*

Ai-je bien lu... oui, sources de plaisir..... Ah! Je ne mets pas en doute que ces pratiques provoquent des sensations... Mais simplement, déjà, l'odeur me monte au nez, et ironiquement, je dirais : comme les gens doivent se sentir fiers de vivre de telles expériences d'excitation buccale de l'anus ou du périnée!!!! Mais, oh! Oh! Les conséquences, elles, en sont moins glorieuses!!

Encore faut-il faire le juste lien entre une pratique qui semble anodine, et les malaises qui s'ensuivent. Et ce lien n'est pas toujours conclu, ni par les partenaires, ni par le corps médical... Les pressions seraient-elles trop imposantes ? Et la force de persuasion des images passant par les salles de cinéma et par l'internet – et qui répandent inlassablement des informations douteuses au sujet du plaisir – trop immense?

Les producteur(trice)s, scénaristes et réalisateur(trice)s qui créent de tels projets sont issus, de toute évidence, eux de même, d'une culture encore globalement influencée, voire avilie, par la dictature.

L'imposition des gestes de reproduction tend à rendre alléchantes l'invasion et l'exploration effrénées de l'intérieur du corps à travers les orifices et, par le fait même, installe, en plus, un imaginaire où la pénétration d'objets divers est encouragée, et ses conséquences, banalisées. En tout cas on constate une véritable frénésie pour tout genre d'intrusion, qui semble avoir été créée avec l'adoption de ce modèle obscur.

Encore un fois, cela démontre combien le caractère fusionnel de cet unique modèle est impertinent et d'ailleurs souvent ressenti par certaines personnes – marginalisées par le fait même – comme étant trop intrusif.

On peut comprendre que l'encouragement à la reproduction puisse avoir été utilisé, dans le passé, par une population fragile, pour s'augmenter, que ce soit en raison de la présence de loups ou pour contrer tout autre menace. Cependant, dans la situation présente, où la démographie galopante et la surpopulation ont été signalées comme une grave entrave au bien être de la population terrestre, on ne peut qu'être solidaires, humainement parlant, afin de réduire notre nombre. Ceci, par la simple action déjà, d'empêcher toute dictature de continuer à forcer les populations à se reproduire. Et, il va sans dire, cette question de conscience humanitaire revêt une importance capitale!

Chapitre 9

Conception-Contraception

Quand d'une part certaines dictatures imposent, par la violence, la reproduction forcée, d'autre part, les vestiges de ce diktat demeurent absolument dévastateurs dans plusieurs pays dits démocratiques.

Ainsi, les conséquences d'une sexualité calquée sur les gestes de reproduction sont absolument irritantes. Nommons aisément tous ces efforts de la médecine et de la pharmacopée officielle afin de contrer la conception. Là où une gestion adéquate des éléments en cause suffit pour éviter toute complication, on assiste plutôt à une médicalisation systématique de la sexualité: panoplie d'objets à utiliser, crème, tampon, couronne et diaphragme vaginal contraceptifs associés en plus à un spermicide, pour en augmenter l'efficacité, etc., etc...... Obturateurs de toutes sortes, cape, voûte et, dit-on, réutilisables des années – wow! Et avec quel savon lave-t-on ça? Où les range-t-on? Et puis, un stérilisateur avec ça? –. En bref, il n'est pas exagéré de dire que la ribambelle de trucs requis rend la chose pour le moins, affolante!

Que certaines personnes aient le loisir de participer à l'exploration scientifique afin d'élaborer des solutions à la pratique d'une telle sexualité est une chose. Mais que cette sexualité spécifique soit la seule avenue présentée est insoutenable.

Que vivre, ma foi, si vous faites partie des gens qui ne sont pas à l'aise avec les principes de ces pratiques sexuelles officielles? Que faire aussi, lorsque vos valeurs de respect n'ont que trop peu de représentation dans les sphères d'information? En effet, les personnes animées de pureté se trouvent souvent recluses, voire exclues. Et pourtant, elles ne sont peut-être seulement que plus sensitives, plus conscientes de leur propre sensualité ou plus enclines à valoriser le bonheur de ressentir la douceur, la vérité, la simplicité, la relaxation et le ravissement!

C'est là que le modèle de l'*Amour Écologique* vient rendre hommage à ces personnes et à leur authenticité, en clarifiant la situation, proposant aux jeunes et moins jeunes des solutions en tout point plus naturelles et oh! combien, plus effervescentes!

Ainsi, pour les personnes averties, la sexualité merveilleuse, celle qui procure l'extase et le relâchement, ne passe certainement pas par des interventions malencontreuses, irritantes et inconfortables qui provoquent, selon les commentaires de plusieurs, la douleur et carrément le désenchantement, voire le cancer et autre malédiction...

À l'adolescence, votre rêve d'éros ou de cupidon s'éteint-il inévitablement au moment où on vous présente les multiples suggestions de précautions à prendre, toutes aussi périlleuses et imparfaites les unes que les autres ! Comme si le plaisir sadique remplaçait tout à coup le ludique, en un sombre tableau s'abattant sur les jeunes âmes... tandis que l'*Amour Écologique* est facile – quoiqu'il requière une habileté et une vigilance incontestables –, enivrant, réjouissant, apaisant et élevant, spirituellement, physiquement, émotivement, sensuellement et sexuellement!!

Entre les deux, votre coeur balance?

Ici, l'idée de ce livre est exclusivement de présenter l'*Amour Écologique* comme une alternative valable, pure et simple, parmi les autres modèles existants, avec ses avantages mais aussi les exigences que les circonstances commandent.

Autant pour les professionnels qui aident leurs patients à recouvrer la santé, mentale ou physique, pour les coachs qui visent la compréhension et l'amélioration des performances de leurs clients, que pour les jeunes et moins jeunes qui espèrent expérimenter la jouissance dans la joie et non la douleur, le concept d'*Amour Écologique* représente une alternative saine et gratifiante.

Nous sommes tous présents sur cette terre et si certains ont le dessein d'anéantir ou avilir les autres...., l'intention des amoureux-de-la-vie est toute autre. Les personnes intelligentes connaissent la sagesse et comprennent avec clarté la logique humaine où le bien triomphe inévitablement. Dans toute action, même la plus minime, ce principe prime. Et tout être l'expérimente chaque jour.

Les circonstances évoluent et les temps changent. Dès 1967, le mouvement des femmes prit de l'ampleur et, dans toutes les sphères, il y eut libération et déstigmatisation des rôles dévolus selon le genre.

Il y eût notamment dépôt d'une requête pour accepter la candidature de femmes afin de devenir prêtresses et célébrer les sacrements au sein des églises. Or, dans nos contrées d'Amérique où l'entraide règne, au Québec particulièrement, le clergé était tout à fait favorable à partager ces tâches sacrées et ainsi ouvrir ses rangs. Mais le Vatican, lui, a refusé, bien cavalièrement, cette présence féminine en son sein. Cette atteinte à la reconnaissance de l'apport indéniable des femmes aux pôles de compétences de l'église aura profondément marqué plusieurs aspirantes à des postes clés qui ont inévitablement, par la suite, déserté la pratique religieuse institutionnalisée, pour se consacrer à leurs œuvres, dans un contexte indépendant.

À ce sujet, on a recueilli ce témoignage révélateur:

« Lorsqu'on a voulu être ordonnées prêtresses, à ce moment, partout nous prenions la parole et l'église s'est mise à trembler de peur qu'on envahisse les chaires, ce qui était d'ailleurs exactement en train de se produire. Alors – et je ne sais d'où venait cette ordonnance –, on a prescrit de retirer les chaires des églises, les faire disparaître!! Ce qui fut dit, fut fait... Parce que nous, on en avait beaucoup à dire, après vingt ans de soumission, orchestrée par l'état et l'église, on en avait lourd sur le cœur. »

Et puis encore cette autre qui confirme:

«Après avoir mis au monde sept enfants, qu'ils sont devenus grands et qu'ils ont commencé à bouder l'église, j'ai tranquillement réalisé, en parlant avec ces jeunes adultes, qu'ils avaient peut-être raison de désavouer certaines prises de positions de l'église... Ayant moi-même remarqué quelques viles incohérences notamment par rapport à cette obligation d'enfanter à laquelle je m'étais pliée... J'ai vu que les règles édictées par rapport à ça étaient bien différentes selon que vous étiez francophone ou anglophone.... Alors, j'ai assez vite compris... avec tous les scandales qui sortaient aussi... genre que le Vatican possède une fortune incommensurable et qu'on soupçonnerait des investissements dans les armes, les munitions, les pilules anticonceptionnelles, etc... C'était assez effarant pour moi de me rendre compte que je m'étais fait flouer avec mon adhésion à ces

croyances! C'est comme ça que je me sentais aussi devant la pauvreté qui ne cessait de croître et dont on pouvait voir précisément les ravages avec la venue de la télévision et la multiplication des documentaires sur les miséreux de ce monde – et le Vatican milliardaire n'y faisant rien –. Pourquoi l'église nous demandait-elle de procréer obligatoirement et se déresponsabilisait-elle, d'autre part, totalement du sort de ses enfants? Même lorsque ma fille voulut être prêtre, avec ambition pour la papauté et qu'on lui refusa tout espoir, ça été un douche froide. Il aurait été tout à fait normal que le Vatican accepte au moins d'abord sa candidature au titre de curé... On a vite compris alors qu'on était peut-être plus catholiques que le pape!!! On avait intégré des valeurs de bonté et de partage, de travail, de don de soi et d'amour inconditionnel. On aimait aimer et on connaissait la santé et les règles d'hygiène. On est partis avec ça, avec nos belles valeurs... On est sortis de la religion de l'église et avons continué avec nos plus belles valeurs, jusqu'ici.»

En fait, il ne s'agit pas de refuser le passé. Peut-être était-il nécessaire, pour l'avancement du monde, de se multiplier comme nous l'avons fait. Je nous donne le bénéfice du doute. Mais aujourd'hui, à la lumière de tout ce qui se passe dans le monde, les tensions de plus en plus fréquentes et la misère qui atteint des proportions qui dépassent toute logique, plusieurs personnes essaient d'exprimer ce qu'elles ressentent à propos de notre accroissement exponentiel qui pourrait, ma foi, bénéficier grandement d'un léger ralentissement de sa cadence, de manière efficace et pacifique.

Il faut aussi mentionner que les effets néfastes sur la santé, de plusieurs produits disponibles sur le marché ou utilisés dans différents segments industriels, tels certains poisons contenus dans les fertilisants pour favoriser la culture maraîchère par exemple, ou bien les insecticides, les ondes émises par les appareils électroniques causant de multiples cas de malformations aux fœtus, ne contribuent guère à promouvoir la naissance dans un tel contexte, mais plutôt à régler d'abord les graves problèmes de qualité de l'environnement dans lequel on désire mettre au monde un enfant.

De plus en plus on comprend que l'amour de deux êtres de même sexe est une réalité normale. D'ailleurs réclamons-nous haut et fort l'avènement du temps d'une paix à ce chapitre.

Le choix de s'associer de la façon qui convient à chacun.e est de plus en plus encouragé dans la jeune génération. Et ceci mène inexorablement vers une reproduction plus libre et donc, moins systématique, plus dispersée et sentie, et où, nous en sommes convaincus, les enfants à naître bénéficient d'un accompagnement plus adéquat, et même, le cas échéant, d'une aide de gens qui ont choisi, eux, tout légitimement, de ne pas fonder une famille, mais d'offrir parfois quelques ressources.

Le temps de l'accouplement «f/m» sous pression est donc révolu! Partout est réclamée la liberté et la paix, et des enfants conçus organiquement. Et c'est effectivement ce qui se passe dans nos sociétés libres, en ce moment, où les citoyens bénéficient du privilège justifié d'expérimenter sa vie et de vivre l'amour sain, sans menace ni jugement.

Autant, dans les années '80, '90 et 2 000 avons-nous révisé les textes religieux, ainsi que le système éducationnel, afin que les outils pédagogiques et les manuels scolaires soient dorénavant conformes aux valeurs de respect et d'égalité des genres en intégrant de nouvelles structures et des enseignements non sexistes, autant dans les années à venir, veillerons-nous, de manière pressante, à réformer de même l'enseignement de doctrines représentées dans des écrits et des documents audio-visuels utilisés par plusieurs factions théocratiques et présentes sur les territoires démocratiques. Mentionnons justement certaines doctrines, qui prônent notamment l'exclusion – des domaines scientifique, médical, ou de la connaissance en général – selon le genre et la violence conjugale : concepts inacceptables dans des pays démocratiques.

Et c'est précisément le droit à l'autodétermination individuelle qui est au coeur des différends dans ce monde. En effet, tout se passe comme si cet enjeu crucial était au centre des conflits actuels de la planète, et donc, suscitait l'imminence d'élucider les tenants et aboutissants de cette confrontation qui, ma foi, profiterait grandement de se dérouler de façon toute expressément pacifiste, rien de moins.

Heureusement, et de toute évidence, l'existence du mouvement mondial, intense et irréversible, pour la reconnaissance des fondements et vertus du concept d'*Amour Écologique (*MIRAE) est garante de la tenue d'une confrontation des cultures sur ce sujet épineux, dans une stricte atmosphère d'absolue quiétude!

Troisième partie : *POSITIONNEMENT*

Chapitre 10

L'Amour Écologique

Un amour où le bien-être véritable des partenaires est valorisé, dans le respect de la santé physique et mentale, comprenant aussi les dimensions humanitaire, écologique, donc démographique, sociologique et économique, etc., et impliquant le respect du ressenti personnel, intérieur, de l'individualité, de la solitude, de l'association libre et du partage. Voilà l'*Amour Écologique*.

L'*Amour Écologique* se distingue par son attention portée sur l'être et la communication franche, et où les performances se déclinent selon des critères hautement humanistes. Et en cela, il s'inscrit en faux par rapport aux relations prescrites qui créent intarissablement des ravages d'abomination, comme en font foi entre autres certaines conversations transmises sur les blogues de toute sorte sur internet. Non seulement y sont décrits les interminables complexes des un.e.s, mais là aussi, la douleur de celles et ceux qui sont si injustement classés anormaux lorsque leur désir déroge un tant soit peu du modèle principal.

On a beau dire que la sexualité est personnelle, cependant la vision dominante est très forte et très largement répandue. Et cette dernière sert inlassablement de barème rigide pour évaluer prestement la normalité des choses.

Ainsi, il n'est pas rare de lire des récits de partenaires mal à l'aise par exemple, avec les rapports bucco-génitaux. Effectivement, il semble que près de 50% des gens n'apprécient pas ce geste, d'ailleurs souvent considéré comme une pratique dégradante et avilissante.

Or, selon certains rapports, et toujours à la charge, on remarque la position de quelques sexologues ayant conseillé à leur clientèle de s'y conformer, en interprétant le désir d'un.e autre à prendre son organe dans sa bouche comme une preuve d'amour, une marque d'estime et un message extrêmement valorisant... Aussi, ces mêmes spécialistes dénigrent, parfois, par la circonstance, ceux qui ne s'y reconnaissent en rien.

Antagonisme flagrant, pourtant, s'il en est!... Ce qui apparaît avilissant pour les un.e.s serait supposément valorisant pour les autres... Toute une divergence d'opinion, qu'on a intérêt à mettre au clair entre partenaires dès le début, on s'entend!!

Et le discours dominant prône allègrement ce genre d'intrusion, malgré la volonté contraire d'une partie de la population, dont il serait bon d'évaluer l'ampleur.

On n'a qu'à voir la véhémence de cette tendance à promouvoir la pénétration comme étant la seule pratique sexuelle naturelle, même dans les sociétés libres. Il est de plus très étonnant de constater combien cela ressemble étrangement aux enseignements dispensés dans plusieurs pays où il est clairement mentionné: «only reproductive sex is natural, non reproductive sex is non natural» traduit par : « seul le sexe reproductif est naturel, le sexe non reproductif est non naturel». N'est-ce pas une assertion arrogante, dans les pays démocratiques dont les chartes font foi de la reconnaissance des principes de liberté et d'assurance de la protection et de l'épanouissement de la personne, et qui clament l'égalité en valeur et en dignité de tous les êtres humains?

Car insidieusement, il existe une version moderne de ce concept qui se traduit par l'énoncé selon lequel «faire l'amour» serait réduit à un rapport sexuel strictement calqué sur les gestes de conception (accompagnés ou non de contraception et de son acceptation).

Inimaginable dans cette optique, par exemple, de vivre des moments de sensualité sans référence à la reproduction. Et, malgré le changement enclenché depuis au moins 1975, on voit, en parallèle de nos ambitions d'émancipation, des jeunes, aujourd'hui encore, être assujettis à cette règle de «conception» / «contraception» continuelle.

Aussi, pour contrer ce phénomène, il est incontestable qu'une alternative plus représentative des valeurs de liberté et de responsabilisation doive être mise à disposition de tou.te.s.

En plus, dans certains milieux, il semble qu'on se plie allègrement au modèle «hard» où d'ailleurs, tous les fantasmes semblent permis. Le règne de la génitalité brute – ignorant trop souvent la biologie humaine – est en plein essor, avec sa ribambelle d'objets sexuels dont certains sont pour le moins problématiques, créant des infections dont la liste s'allonge à mesure que les produits innovants sont introduits sur le marché, et, c'est bien le cas, introduits dans le corps de l'un.e, de l'autre, avec une insouciance sans borne, gardé par la présence toujours immédiate du corps médical qui se surpasse en médicaments dont les effets secondaires parfois annoncés clairement seraient quasi aussi néfastes que le mal qu'ils sont supposés guérir.

Par exemple, on a vu des médications ciblant la dysfonction érectile déclarer de possibles effets secondaires dont notamment des rougeurs au visage, des maux de têtes, etc. Oh!! La la!! Comme c'est contradictoire que de vouloir régler un supposé problème d'érection, en décontenançant complètement le sujet avec des rougeurs au visage qui, inévitablement, affectent l'estime personnelle et la libido. Ou encore, ces patients malheureux de leur éjaculation précoce, qui se voient rapidement conseiller de faire les démarches appropriées pour obtenir des consultations psychologiques, afin de guérir leur pseudo-traumatisme, avec une petite prescription pour un médicament, tiens...

Or, comme on comprend que la pénétration n'est pas la panacée de tou.te.s, alors n'est-il pas plutôt normal de respecter le fait, pour chaque personne, de vivre sa sensualité à sa manière?

Et puis encore, dans d'autres cas, toute fluctuation, à la baisse, de la libido est-elle vue comme une faute, parfois, au lieu de simplement une réalité à assumer et avec laquelle composer selon ses ambitions. Les partenaires ne suivent pas toujours les mêmes courbes en même temps, c'est évident, et la simplicité, voire la sublimation, est souvent la meilleure réponse au décalage d'énergie sacrée entre les amant.e.s.

En ce XXIe siècle, il se crée d'innombrables maladies sexuelles dans le monde. Les services de santé publique sont ébranlés par l'incidence des infections dont la proportion est véritablement alarmante.

La psychologie institutionnelle a-t-elle fait la promotion de gestes à ce point dangereux, comme prétendus nécessaires à la jouissance? Quels principes sous-tendent cette position pour le moins tordue?

Pensons seulement au credo conception-contraception. Rien d'aucune autre sphère de la vie d'une personne ou d'une entreprise ne correspond à cette logique débilitante. Imaginerait-on une personne allant mettre des graines en terre pour les arroser ensuite avec du poison contre la germination? Bien sûr que non. Alors pourquoi cette logique de conception-contraception semble-t-elle si peu contestée?? Alors que ce concept nous donne de quoi remettre en question les fondements de la sexologie moderne elle-même, oui?

Chapitre 11

La reproduction organique

La reproduction organique, elle, est gage de succès, et comporte un volet de responsabilisation autant au niveau personnel que social. Mais, pour que la reproduction soit effectivement «organique», encore faut-il reconnaître le droit à une sexualité non orientée vers la reproduction et non calquée sur elle!! Dans certaines religions cela est impensable, mais dans nos sociétés démocratiques, cela est indispensable!

Avoir une sexualité simple et organique, saine et sacrée, dans le plus grand respect, voilà le changement qui s'installe depuis le siècle dernier, notamment dans les grands centres urbains tels Montréal ou ailleurs en Amérique, en Europe et dans le monde. Partout où l'on s'encourage à réinventer la liberté d'être!

C'est une manière de vivre qui conserve la joie pure et simple et où la réflexion et la communication sur le sujet de la reproduction écologique sont empreintes de sagesse et s'exercent facilement. Et là où la gêne gagne les un.e.s, l'aisance s'empare-t-elle des autres.

Dans la pratique de la sexualité moderne, il y a des personnes semblant tout à fait adaptées au modèle dominant, tandis que d'autres éprouvent effectivement un grand malaise. Or, vous en conviendrez, pour tous ceux qui souffrent de la situation, il est temps d'élever bien haut le drapeau blanc et exiger l'arrêt du dénigrement systématique de la sexualité saine, jugée tantôt enfantine ou carrément déclassée par rapport à cette sexualité fortement «génitale» et hautement à risque, et dans laquelle il appert que l'on soit littéralement forcés d'entrer – et ce, bien souvent à notre insu – dès l'adolescence.

Il est incontestable que de nos jours, l'écologie prime. Dans tous les domaines, on cherche à se repositionner de façon plus éclairée face à son engagement. Le sens de nos actions se peaufine. Dans toutes les sciences et leurs applications de même que dans le quotidien, nous nous efforçons de nous comporter de manière responsable et avec toujours plus d'intelligence de l'humanité et de la nature.

Aborder aussi enfin l'*Amour* sous cet éclairage m'apparut donc tout à fait louable!! Clarifier les motivations de nos moindres gestes et l'impact écologique de chacun d'eux sur nous, notre environnement et notre développement: un must!

L'*Amour* sain a certainement toujours existé. Depuis la nuit des temps. Ces moments de grâce qui nous emportent... Ces tendres rapprochements et la poésie des doux regards. Les effleurements somptueux et la joie des sentiments amoureux. Ah! Et pourtant, ces contacts chaleureux sont considérés comme non naturels dans certaines contrées sous dictature.

C'est incroyable, l'infini fossé qui morcelle la population mondiale, en ces temps difficiles!

Et tout à la fois, c'est extraordinaire de voir les multiples aspects de développement de la paix qui envahissent l'espace terrestre et l'émergence de toutes ces initiatives valeureuses pour expérimenter la vie selon nos convictions et malgré nos divergences.

Si réellement c'est un souhait humain de conserver des espaces distincts, pour des visions parfois même diamétralement opposées, c'est précisément ce que permettent les frontières. Circonscrire les expériences nationales. Chaque nation ayant ses codes, les populations de pays qui prônent la reconnaissance de droits et libertés intrinsèques à tout être humain, et l'égalité et le respect de la dignité comme étant les fondements de la justice et de la paix, sont appelées aujourd'hui à exposer leurs croyances et débattre de toute urgence de certaines valeurs concernant les relations humaines, dont l'*Amour* et la sensualité. Et l'*Amour Écologique* a pour mission de rassembler les opinions autour de faits réels et de vérités incontestables, et se positionner de manière enviable comme une alternative valable, sachant certainement représenter avec brio la pensée de plusieurs.

Chapitre 12

L'incitation à la violence et la propagande haineuse

La réglementation en matière de propagande de la violence dans le code criminel canadien semble comporter une certaine incohérence à l'article 319, où les seules communications à obtenir un statut spécial leur consacrant le droit à la propagande de la violence sont notamment les textes religieux. Ainsi, peut-on lire sur le site web de la législation du Gouvernement du Canada:
«Propagande haineuse: Tout écrit, signe ou représentation visible qui préconise ou fomente le génocide, ou dont la communication par toute personne constitue une infraction aux termes de l'article 319.»

L'article 319, paragraphe (1) stipule:
«Quiconque, par la communication de déclarations en un endroit public, incite à la haine contre un groupe identifiable, lorsqu'une telle incitation est susceptible d'entraîner une violation de la paix, est coupable :
a) soit d'un acte criminel et passible d'un emprisonnement maximal de deux ans;

b) soit d'une infraction punissable sur déclaration de culpabilité par procédure sommaire.»

Aussi, l'article 319, paragraphe (2) ajoute:

«Quiconque, par la communication de déclarations autrement que dans une conversation privée, fomente volontairement la haine contre un groupe identifiable est coupable :
a) soit d'un acte criminel et passible d'un emprisonnement maximal de deux ans;
b) soit d'une infraction punissable sur déclaration de culpabilité par procédure sommaire.»

Or il est assez troublant de constater que le paragraphe (3) de l'article 319 du Code criminel Canadien mentionne:
«Nul ne peut être déclaré coupable d'une infraction prévue au paragraphe (2) dans les cas suivants :
Alinéa b) il a, de bonne foi, exprimé une opinion sur un sujet religieux ou une opinion fondée sur un texte religieux auquel il croit....» *(Cf. http://laws.justice.gc.ca/fra/lois/C-46/page-156.html#h-92)*

Il est en effet absolument inconcevable que des enseignements religieux puissent commettre des documents incitant à la violence, et ce, sans blâme, bénéficiant injustement de la grâce d'un gouvernement démocratique dont le code criminel donne raison à des communications écrites ou orales haineuses de leur part.
S'étant plutôt attendu à ce que les religieux prônent la bienséance et l'amour, quelle ne fût pas notre surprise de voir qu'ils puissent ainsi être enclins à de possibles déclarations haineuses et en être à la fois innocentés. Il est certainement temps que les juristes du gouvernement du Canada voient à amender ce texte de loi, qui s'inscrit totalement en faux contre les valeurs humanistes, à plus forte raison et en toute urgence, dans la situation actuelle.

Et... s'inspirer des paroles, celles-là, plus respectueuses, d'*Arthur Rimbaud, Mars 1870*, dans quelques strophes de son poème :

Sensation

Par les soirs bleus d'été
J'irai dans les sentiers
Picoté par les blés
Fouler l'herbe menue
Rêveur, j'en sentirai

La fraîcheur à mes pieds

Je laisserai le vent

Baigner ma tête nue

.....Et l'amour infini

Me montera dans l'âme...

Et c'est un *Charlebois* d'âge adulte qui justement reprenait en chanson, le texte de ce garçon, dont on se plaît à prononcer les mots d'une tendresse infinie...

Or, un des principaux enjeux mondiaux se situe justement au niveau des menaces proférées dans le but de subjuguer des populations entières à un régime autoritaire où les comportements sexuels sont basés sur la reproduction obligatoire. Et cette virulente domination est imposée par les armes dans certains cas, et renforcée à grande échelle, ailleurs, par l'éducation, le cinéma, la littérature, la musique, le théâtre, etc.

Et les comportements officiellement reconnus comme étant acceptables semblent représenter des intentions de multiplication humaine gouvernées par des intérêts totalement autres que le bien-être des individus.

Il est parfois aussi très surprenant de constater avec combien d'aisance certaines personnes présentent tout «le tralala» comme une suite, logique et naturelle, de gestes savamment posés, et ce, avec cette impression de consensus généralisé. Comme si l'imagerie publique habituellement associée au «faire l'amour», était une vérité inébranlable et d'un niveau également valable pour tous.

En fait, la représentation de la sexualité est à ce point trafiquée, frelatée, fricotée, falsifiée, traficotée, manigancée, truquée – tout ce que vous voulez –, que des partenaires amoureux peuvent se retrouver à faire ensemble des choses que ni l'un.e ni l'autre n'apprécie.

Citons en exemple ce cas où deux femmes, partageant leur domicile depuis trente-trois ans, témoignent avoir éliminé l'idée chez elles de procéder au cunnilingus après s'être enfin confiées l'une et l'autre leur désir de s'en abstenir. Elles mentionnent aussi que cela requit un certain temps et un certain courage pour s'avouer mutuellement qu'elles n'appréciaient ni l'une, ni l'autre, ces gestes, et que ce fût une révélation d'apprendre que l'autre ressentait de même, étant donné le supposé consensus sur une sexualité qui prône ce genre de rapport.

Et puis encore ces deux hommes qui vivent ensemble depuis vingt-cinq ans et confient ne jamais procéder à des pratiques anales. Et ce respect mutuel est beaucoup plus courant qu'il n'y paraît!!

On entend combien d'autres commentaires aussi, où certaines personnes expriment ne pas être partantes pour le genre de proposition que la société fait concernant la sexualité dite normale et qui se plaignent du fait que leur point de vue ne reçoive guère une acceptation éloquente.

Effectivement, il n'est pas rare d'entendre le récit de situations où des personnes fortement invitées à glisser dans une génitalité, même minimale, et ayant refusé ces avances, ont vite été cataloguées comme ayant une pathologie sexuelle quelconque, issue de peurs, débris du passé, ou autres traumatismes que la psychiatrie moderne se fait un plaisir de diagnostiquer et pour laquelle elle appliquera ses soins, assistés d'une pharmacopée abondante ou simplement de bombardements d'électrochocs, de rayons laser ou encore, elle proposera une ablation cervicale partielle ou totale.... Rien ne coule de source ici. C'est presqu'un coup de dé.

Combien de gens aussi ont raconté leur histoire, relatant avoir eu dans l'enfance une relation intense, quoique strictement chaste et amicale, on s'entend, avec un enfant de même sexe, et avoir été pourtant sévèrement condamnés, ou encore, s'être réprimés eux-mêmes.

Et combien de personnes amies se séparent à l'âge prescrit, à l'âge de la procréation, parce qu'elles sont de même sexe? Alors que, si vous rencontrez une personne de sexe différent, avec qui même, au pire, vous n'avez pas autant d'affinité, vous choisissez, comme plusieurs, de vous consacrer à cette relation, même si elle comporte de la violence et du dénigrement, parce que c'est une relation hétéro et que de ce fait, elle correspond au modèle unique et fortement suggéré, voire imposé.

Or, l'incitation à la violence et la propagande haineuse dont il est question dans nombre d'enseignements religieux concernent justement les relations intimes entre personnes, et propose l'instauration d'un régime de terreur où les fidèles doivent adopter un modèle de comportement suggérant l'utilisation entre eux, de la violence, dans un contexte d'accouplement exclusivement f/m et de reproduction systématique.

Chapitre 13

Le modèle reproducteur

On s'entend, chaque personne de genre féminin ou masculin, a, selon toute probabilité, à peu près, une chance sur deux, d'avoir un ami de même sexe. Mais combien sont les chances que cette même personne fasse fructifier cette bonne entente, cette amitié particulière, disons, ou bien décide plutôt de s'en distancier pour se conformer au modèle du couple reproducteur?

Ah! Il y a bien des choix à faire : partager ou non une habitation ensemble, donner naissance ou pas, ou prendre en charge un ou des enfants, les adopter ou les faire sur place, avec compensation à discuter pour la personne qui doit faire la gestation de 9 mois et vivre avec les conséquences multiples qui y sont rattachées. Partir chacun avec un poupon, les élever et les envoyer directement travailler à l'extérieur, selon le pays, ou bien un peu plus tard dans une usine qui profite trop souvent plus aux propriétaires qu'aux employés, parfois surexploités et vivant dans des conditions pénibles, ou dans une coopérative ou bien à l'école et les faire devenir des universitaires qui travaillent pour une multinationale qui s'enrichit à leur dépens. Ça c'est aimer sa progéniture, hein? Ou bien encore, dans le meilleur des cas, serait-on portés à croire, lui léguer pour ses dix-huit ans une maison avec un jardin qui vient des aïeuls de la 800e génération antérieure, ou genre, il y a un million d'années, tiens!... Qu'on voie un peu les marques du passé!

Pourtant, aujourd'hui, nombre de jeunes de dix-huit ans ne reçoivent, en fait, littéralement aucun héritage matériel. Devoir partir à zéro, comme si c'était le début du monde! Et d'aucuns trouvent ça tout à fait normal, prétextant qu'il y a plein d'opportunités, sûr; mais il faut bien être conscients qu'on est en compétition avec des jeunes qui eux, par leur parents, ont accès à des entreprises, ou à l'opportunité d'en fonder une, ont des terres, des chevaux, bateaux, maisons, jardins, etc., etc. Ils ont une auto, un laboratoire ou du moins des relations dans les grands centres de recherche du monde, dans les réseaux de télévision, les radios, la politique, le commerce, l'industrie ou autre. L'enjeu est grand et il se peut que votre enfant ou celui d'autres gens soit un peu dépourvu devant la situation.

Que faire dans un monde où on ne voit pas sa place? Dans un monde où un pourcentage indécent de personnes n'a pas assez pour se loger, se nourrir, se vêtir et se réaliser? Et, dans d'innombrables cas, ces embûches se présentent, bien que vous soyez ou non des diplômés d'universités! Être à l'écart... Car, il ne suffit certes pas à votre enfant de suivre le régime éducationnel jusqu'au bout pour lui procurer une vie digne de ce nom.

Un peu de franchise dans cette affaire ne peut qu'être salutaire.

Bien sûr il y a partout de ces gens qui réussissent à se tailler une place enviable. Soit. Magnifique pour eux. Le problème ne se situe justement pas là mais plutôt chez ceux qui, le plus clair du temps, vivent dans l'enfer de l'ombre et de la privation. Ainsi dans le monde, actuellement – et cette étude ne semble pas considérer les bas niveaux d'accessibilité, pour certains individus de populations occidentales, à une nourriture saine – :

«La part d'individus sous-alimentés est de 12 % en 2013, selon les dernières estimations de la Food and Agriculture Organization (FAO), Organisation des Nations Unies en charge des questions d'alimentation.» (Cf. http://www.inegalites.fr/spip.php?page=article&id_article=1911)

Il est courant de voir des âmes désoeuvrées chercher leur voie, avec le grand désarroi de vouloir participer à la production sans toutefois ne jamais pouvoir y accéder. Posséder une force incommensurable et n'avoir de champs où la canaliser. Avoir un potentiel extraordinaire et être non requis dans la chaîne de l'expérimentation. Être à l'écart. Combien de milliards sont à l'écart?

Selon les statistiques actuelles, combien de milliards de gens sont exclus, négligés? Et les parents de ces enfants savaient-ils sciemment le sort qu'ils réservaient à leur progéniture? Est-ce un cadeau de vie, merci? Combien de témoignages font état de l'horreur qui leur est dévolu? Est-ce que les gens qui ont donné vie assument leur geste?

En tout cas, lors de nos interviews en Afrique, tant de personnes, notamment en 1975, ont répondu avoir agi sous la menace, avoir été *obligées* d'avoir des enfants? Et il est assez impressionnant de réaliser qu'il existe, de toute évidence, des responsables à cette reproduction effrénée qui ne tient aucunement compte des conditions de vie des enfants nés dans des circonstances inadéquates. Qu'attendons-nous pour confronter les auteurs de cette machination? Est-ce acceptable que la terre soit peuplée de manière si grossière, contre la volonté même des concepteurs concernés? Il semble bien que ce genre de cause mériterait d'être traduite devant le Tribunal International, s'il en est.

Sûr, les bien nantis peuvent-ils vivre leur bonheur au grand jour, mais les bannis et les négligés pourraient être de plus en plus en révolte contre leur sort. Cela ferait tempête et pourrait compromettre sérieusement le bon déroulement des choses, et par le fait même, compromettre la vie des un.e.s et des autres. N'est-ce pas d'ailleurs exactement ce qui est en train de se produire? Révoltes, pillages, etc.

Le statu quo n'est pas une alternative valable. Il faut dénouer l'impasse, et c'est ce que tente cette théorie sur l'*Amour Écologique*.

C'est logique, c'est simple, c'est écologique et nous avons toutes les ressources médiatiques pour arriver à partager cette compréhension des bénéfices personnels, sociaux et communautaires, à la libération du joug de l'accouplement stéréotypé.

Le pari est simple mais de taille: travailler à contrer la dictature actuelle sur l'obligation de reproduction et promouvoir le concept d'accession de tous à vivre l'*Amour Écologique*, afin de favoriser une démographie plus organique, axée sur le respect des êtres existants et à venir, et sur la disponibilité réelle des ressources.

La détention par les individus du droit de choisir est fondamentale en démocratie, tandis qu'en théocratie, seul dieu prendrait les décisions. Et c'est là exactement, lorsqu'il s'agit de prendre les décisions au sujet de nos rapports intimes, que tout se joue sur la planète.

L'augmentation de la population dans bien des pays sous contrôle autoritariste crée un déséquilibre terrestre, notamment au niveau humain, parce que souvent les droits à la liberté et à la sécurité sont bafoués, altérant ainsi négativement le degré de qualité du bonheur, de la réalisation de soi et de l'amour – en autant que soient considérées ces valeurs fondamentales, évidemment – et au niveau social, entre autres avec la raréfaction de l'accès aux ressources naturelles saines. Une proportion importante des nouveau-nés sera démunie, donc dans la privation des éléments essentiels à la santé. De plus, l'abondance de main-d'oeuvre ainsi créée ne profitera largement qu'à un faible pourcentage de dirigeants.

Heureusement, on assiste à des améliorations, avec l'engagement social responsable de plus en plus de gens regroupés autour de ces préoccupations et qui désirent récupérer leur pouvoir de décision sur le plan social et au niveau de la personne, sur sa vie. Et ce phénomène tend à prendre de l'ampleur à une vitesse qui dépasse celle des neutrinos!

Aussi assiste-t-ton à l'émergence de démarches citoyennes et d'actions participatives multiples, avec des résultats extraordinaires autant au point de vue matériel avec des aménagements plus écologiques des cités, bourgs et campagnes, qu'au niveau économique et humain, avec une démographie idéalement discrétionnaire.

Chapitre 14

La libération

Le mouvement féministe international a fortement insisté, dans les années '70, afin que le viol soit légalement considéré comme un crime, faisant référence à un rapport sexuel commis en absence de consentement ou suite à la menace. Alors, toute émission d'un commandement de soumission va à l'encontre de ce principe de liberté de consentement. La soumission, sous peine de sanctions diverses, telle que prescrite dans certaines sociétés, s'oppose carrément aux principes démocratiques. Le troisième tiers du siècle dernier aura permis, justement, que femmes, hommes et intersexes condamnent conjointement toute atteinte à leur intégrité, et donc refusent catégoriquement toute requête de soumission, notamment celles concernant les rapports physiques et la reproduction.

Témoins et souvent collaboratrices(teurs) de ces acquis majeurs et des gains substantiels au niveau des droits humains dans les pays démocratiques, femmes, hommes et intersexes issus de pays théocratiques – s'étant vus être confrontés à des situations très précaires, voire dangereuses, dont des incidents conjugaux d'une violence érigée en modèle et qui ne correspondent aux aspirations d'aucun des genres –, ont expressément réclamé de l'aide, toujours dans les années '70, de la part des activistes des droits de la personne, espérant en arriver à faire respecter ces principes humanistes, pacifistes, aussi dans leurs pays. Et suite à ces requêtes, de précieux efforts de solidarité ont été déployés par d'innombrables groupes de pression d'à travers le monde, envers eux, afin de faire adopter universellement ces droits élémentaires. Un lien planétaire solide s'est alors créé entre les nations.

Cependant, il y eût cet incident marquant, en 1979, où tout bascula: une première grande offense politique, avec l'entrée au pouvoir d'un tyran dans un pays originalement libre. Or, pour protester contre ses despotiques exigences, des regroupements s'effectuèrent. Et donc, lors d'une manifestation majeure (20 000 personnes) contre l'entrée en vigueur de l'obligation du port du voile par les femmes dans ce pays tout à coup théocratique, certain.e.s marcheuses(eurs) furent agressés de façon excessivement violentes, notamment, lors de barbares attaques au vitriol, dont le gouvernement nouvellement en place était de toute évidence l'auteur. On pouvait voir de cette morbide organisation, des autobus remplis de gens pauvrement vêtus et armés de bouteilles d'acide sulfurique, visiblement payés et sous les ordres d'un chef, pour exécuter le dessein diabolique du nouveau dictateur...

Une icône américaine du mouvement féministe international d'alors, ayant été invitée à participer à cette marche de protestation – dans les rues d'une ville pourtant ultramoderne –, fut inexorablement témoin de ces scènes cruelles. Après avoir été d'ailleurs elle-même séquestrée durant quelques jours et avoir cru y mourir, fut-elle relâchée, contre tout espoir.

Et, suite à sa délivrance, bouleversée par ces événements d'une telle cruauté, eut-elle le courage de communiquer ces faits à travers le réseau humanitaire. Et c'est lors de sa conférence à l'Université Mc Gill de Montréal, où elle raconta avec grande émotion ces événements récents devant un auditoire d'environ 400 personnes rassemblées à l'improviste dans une grand amphithéâtre, que tout à coup la salle fut prise d'une frayeur collective lorsque six éléments barbus typiques – bien que la tenue de cette réunion ait été peu médiatisée – se levèrent brusquement debout et se mirent à invectiver la foule, dans une langue étrangère, scandant à l'unisson des mots visiblement virulents, un bras tendu vers les airs. La foule alors en soudaine panique et cherchant à fuir, se dissipa aussitôt, en franchissant à toute allure les grandes portes – pour la production – qu'on se précipita à ouvrir.

Nous avons alors réalisé, dès ce moment charnière, que Montréal était, à un certain niveau, sous l'emprise du terrorisme. Nous étions traqués, et dès lors, il était clair que nous ne pouvions plus nous y exprimer en sécurité.

Devant la cruauté de ces attaques au vitriol et, il va s'en dire, de manque flagrant d'éthique, le mouvement pacifiste des femmes se trouva alors devant une impasse humanitaire. En effet, la déception, devant ce genre de violence jusqu'alors inédite, fut mondiale et plusieurs d'entre nous durent fatalement décider de cesser complètement les activités de revendication publiques.

Nous étions bien disposé.e.s à contribuer à l'amélioration des conditions de vie terrestre par nos analyses et actions sociologiques, politiques et juridiques, mais absolument pas dans une atmosphère d'horreur. Très certainement pas. Nos auras d'intelligence et de paix ne pouvant tolérer des attaques aussi viles.

Ceci a eu pour conséquence l'arrêt, ou du moins un certain ralentissement, des démarches d'aide internationale de la part des intellectuelles féministes des pays démocratiques. Et les réponses à la sollicitation venant de femmes, d'hommes et d'intersexes de pays théocratiques pour les aider à revendiquer leur libération de l'emprise de gouvernements totalitaires – dont les troupes exécutent sans relâche de sauvages assauts –, se raréfièrent.

En effet, c'est dans le plus grand regret que nous dûmes alors quitter la scène publique pour nous retirer ici et là, parfois dans des camps de fortune, terré.e.s et terrorisé.e.s par l'ampleur des horreurs subies et des menaces reçues. Jamais à ce jour, dans nos contrées démocratiques, n'avions-nous eu affaire à de quelconques comportements irrespectueux lors de nos manifestations. Jamais.

Au contraire, toujours le but totalement humaniste de nos revendications se voyait mériter sur le champ l'appui indéfectible de la population en général et donc des défenseurs des droits de la personne, dans un mouvement, jusque là, totalement pacifiste. La valorisation de la consigne de liberté et de respect prenant progressivement de l'ampleur.

Depuis lors pourtant, et quelques trente-cinq années plus tard, l'horreur s'est amplifiée quand la théocratie totalitaire a graduellement conquis des espaces de plus en plus importants, partout sur le globe.

De sorte que plusieurs pays démocratiques voient maintenant leurs lois enfreintes par des diktats misogynes et misandres entrés par la porte du multiculturalisme. Et cela, avec l'assentiment puéril d'une faction de la gauche, visiblement inconsciente de l'impact d'une telle misanthropie sur la population entière. En effet, cette mise en scène dictatoriale défavorise les citoyens, tout genre confondu, en rendant obligatoire des comportements sexuels qui, dans l'esprit des ententes internationales, ne respectent en rien les libertés et les lois en vigueur.

C'est donc avec tout le courage du monde que nous réitérons aujourd'hui nos principales requêtes : 1. Respect de l'intégrité de la personne; 2. Respect du principe d'égalité des êtres – femme, homme ou intersexe –; 3. Refus systématique de toute tentative de soumission des filles, des femmes, des hommes et des intersexes à des pratiques sexuelles qui nient le concept de consentement éclairé (criminalisation du viol); 4. Criminalisation de la reproduction forcée. 5. Révision de tous les enseignements prodigués dans les pays démocratiques via tous les textes et documents audiovisuels utilisés afin qu'il soient parfaitement en concordance avec les principes démocratiques, dont les codes civils et criminels en vigueur.

S'il existe une volonté, de la part de populations des démocraties en cause – et d'autres populations intéressées – de s'affranchir des systèmes théocratiques exigeant leur soumission, et que cette volonté commune a suffisamment de force, il y aura un dénouement heureux.

On ne peut qu'avoir foi en l'alliance de tou.te.s pour le respect d'un monde libre. Disons qu'on ne voudrait certes pas laisser pour héritage aux enfants qui viennent de naître et les autres à venir, un monde de violence citoyenne.

Avec l'expérience de la liberté de la gestion de sa vie intime, on arrive à une société plus pacifique où les rapports entre les gens sont gérés de façon réellement plus civilisée, dirais-je. Et c'est bien ce qu'on constate dans les faits, notamment au Québec et au Canada, depuis les avancées humanistes des années '70. Un monde civilisé. Respectueux. Où on peut vivre nos relations amoureuses de façon libre, sans être obligés au mariage, ni à la reproduction... Ce qui était pourtant le cas dans les années '50.

Depuis donc une quarantaine d'années, nous expérimentons un genre de relation beaucoup moins tendue entre les genres. Certains commentaires venus d'autres continents font état de considérations très positives face à l'évolution des peuples québécois, canadiens, américains et européens pour ne nommer qu'eux....

Par contre, il arrive parfois que pour les personnes qui sont élevées dans des contrées où la violence conjugale est carrément enseignée et obligatoire, l'attitude pacifiste que nous avons adoptée est interprétée à tort comme trop gentille..... Et on a recueilli ce témoignage :

« On est tellement doux les un.e.s avec les autres, ici, un gars m'a dit ... «on fait rire de nous... des gars issus d'autres cultures nous disent qu'on est pas assez machos, pas assez durs avec les femmes ici...» Ça commence à être assez barbant ça, merci... ».

Il est certain que lorsque vous êtes traqués, emprisonnés, torturés et tués *à cause de relations intimes* déclarées non conformes – tendresse, baiser, ou tout simplement pas baiser, pas de pénétration, ni d'éjaculation, un, deux, pas assez, ou pas de bébé pantoute – et que êtes plutôt endoctrinés à user innocemment de violence conjugale, ...disons que ça crée des tensions sociales assez fortes, voire intolérables.

On voit clairement ici combien la différence de gestion des relations intimes a d'importance. Et que les tensions sociales augmentent assez déplorablement lorsque s'installe le sexisme agressif tandis, qu'effectivement, elle baisse énormément lorsqu'une société a la liberté de vivre sa libido – simplement et intelligemment –, de façon responsable et écologique.

Chapitre 15

La misère

Reprenons l'exemple d'une famille de sept enfants où les trois premiers font ressentir aux quatre suivants que s'ils n'étaient pas nés, les parents en auraient davantage à leur consacrer, genre plus de temps et plus d'argent. Le partage des biens aurait été plus avantageux pour eux, on comprend bien ça. Le même mille dollars divisé en sept ou en trois ne donne pas la même valeur pour l'un.e et l'autre. La répartition des richesses est complètement fonction du nombre de bénéficiaires, n'est-ce pas?

Malgré la grande foi de plusieurs en la possibilité pour chacun de vivre en harmonie avec l'abondance, il y a tout de même, dans les faits, la moitié, peut-être deux tiers de la population mondiale qui vit dans des conditions de pauvreté ou de souffrance.

Et pourtant, tout donne à croire que le simple fait de se pencher sur soi pour dire «oui, je peux», serait suffisant pour contrer sa misère. Mais encore faut-il être libre d'agir avec créativité, de manière à réaliser ce devoir.

La misère, la pauvreté, l'extrême pauvreté, la faim, le froid et les incapacités, les maladies et tout ce qu'elles engendrent, se situent au coeur des problèmes humanitaires du XXIe siècle. Une solution tangible serait certainement d'intervenir par l'identification – voire la criminalisation – des actes de coercition exercés par tout groupe ou secte qui visent à contraindre leurs membres ou leurs adeptes à «la reproduction forcée».

En effet, une pratique dictatoriale, autoritariste et terroriste qui consiste à inculquer un système de croyances où l'accouplement est considéré obligatoire, s'inscrit en faux dans le dossier de l'élimination de la pauvreté et de l'injustice dans le monde.

Défi colossal que d'éliminer la pauvreté, s'il en est, tandis que de nombreuses instances, coalitions, gouvernements, institutions et associations nationales et internationales se retrouvent acculés à trouver des solutions à la terrible réalité du désastre humain qui envahit la planète, quand la vie, dans d'autres circonstances, a le potentiel d'être si formidable. Y a-t-il dépendance des un.e.s face aux autres? La richesse de certain.e.s serait-elle issue de l'esclavage des autres, il importe de réagir.

Or, afin de mieux participer à la résolution imminente des problèmes mondiaux, prenant en compte la corrélation majeure démographie/pauvreté, accordons-nous le droit d'aborder en ces termes le volet des relations humaines plus intimes et leur impact social et environnemental, triomphant enfin de l'ère où nous nous sommes senti.e.s baillonné.e.s, étouffé.e.s, garrotté.e.s, muselé.e.s, opprimé.e.s ou réduit.e.s depuis les trente-cinq dernières années, et plus.

Car peut-être est-ce là justement l'empêchement premier, celui de s'exprimer publiquement sur les malaises et embarras de toutes sortes, suscitant le silence dans lequel tout – dont les menaces de violence – nous porte à nous enfermer.

Les connaissances en biologie humaine, qu'elles fussent anciennes ou modernes, nous renseignent précieusement sur la portée des gestes qui concernent le corps humain et ses particularités.

Le droit à la liberté personnelle est primordial – et d'ailleurs bien enchâssé dans nos chartes des droits et libertés de la personne –. Soit. Or, il faut voir combien le diktat est pernicieux lorsqu'il s'investit jusque dans les relations intimes.

Prenons comme exemple des rencontres de jeunes – trop souvent désinformé.e.s et placé.e.s en situation malencontreuse –, où certain.e.s se retrouvent face à un dilemme comportemental situé entre le désir et la volonté. Dans combien de cas a-t-on la surprise de voir le peu de lucidité des démarches amoureuses aux intentions pourtant si pures, mais où les partenaires choisissent, avec désinvolture et sans plus de préambule ni de véritable réflexion, de poursuivre un élan qui mériterait pourtant grandement d'être géré et compris dans son essence, et ce «avant» la commission de tout acte.

Le véritable échange sur ce sujet devrait effectivement avoir lieu bien avant... et non après. Mais quelles sont véritablement les opportunités offertes présentement aux jeunes en termes de relation?

Aujourd'hui, dans nos sociétés avancées, comment se fait-il que le moindre rapprochement sensuel vous amène presque infailliblement aux rayons les plus reclus de la pharmacopée synthétique? Avec les pilules anticonceptionnelles – dont la promesse n'aura jamais été d'être entièrement efficaces, et à condition de l'avoir prise à la même heure, tous les jours, etc.... – les mousses, les condoms de latex et tout autre médicament offert en vente pour la circonstance ont trop souvent des effets premiers et secondaires bien ravageurs.

Ce poème de La Fontaine résume-t-il bien, peut-être, la situation actuelle: *« Ils ne mouraient pas tous, mais tous étaient frappés.»* *(Cf. Les Animaux malades de la peste, Jean de LA FONTAINE (1621-1695))*

Ou bien encore, comment justifier qu'une sensualité naturelle en viendrait à impliquer tantôt de subir une chirurgie, pourtant assez débordante de conséquences, telle l'hystérectomie ou la vasectomie.

Mais ici, permettez que je précise: loin de moi l'idée de condamner ce geste totalement valeureux de l'amant.e qui exprime par là son désir d'assumer une certaine infertilité. L'effort est sans aucun doute parfaitement louable.

Par ailleurs, à la lumière des considérations actuelles et du constat de troubles provoqués parfois par de telles interventions médicales, la proposition d'*Amour Écologique* vient suggérer une façon d'éviter cette délicate opération.

Allons, crions haro sur la plus grande bêtise, dirons-nous – puisqu'elle est si déterminante pour la survie de l'espèce, notre vie et notre jouissance d'elle –, et la pire ignominie: celle d'empêcher ses congénères de vivre l'amour librement, de façon saine et écologique.

Prenons l'exemple tout simple de vivre au quotidien des activités inoffensives en association avec une personne de même sexe. C'est vraiment renversant de voir combien ce genre d'amitié crée la controverse, le déchirement et des violences innommables.

Et dans cette logique douteuse, bien vite peut-on se faire cette réflexion interrogative: le simple fait de vous approcher chaleureusement d'une personne intersexe vous marque-t-il automatiquement du signe de la perversité, parce qu'elle porte intrinsèquement en elle le même genre que vous?

Les lois ignobles entourant ce phénomène pour le moins anodin qu'est l'amitié humaine, la tendresse humaine, ont attiré particulièrement mon attention. En effet, l'ampleur disproportionnée des réactions négatives à propos de l'amitié de gens de même sexe m'a vite semblée totalement injustifiée. Et c'est certes l'illogisme de ces virulentes oppositions qui ont motivé mes recherches sur le sujet, afin d'en dénouer l'intrigue, au bénéfice de la société.

J'ai donc d'abord examiné les qualités de certains types de relations entre personnes, pour vite constater, entre autres, la même candeur chez des ami.e.s de même genre que dans les amitiés entre gens de sexes différents.

Bien que le fait de choisir sa destinée soit un droit élémentaire dans les pays de démocratie, à l'opposé, dans certains pays sous dictature, des dispositions spéciales, voire drastiques, sont mises en place pour contrer l'amitié entre gens de même sexe, proscrire même le célibat, ou encore punir le simple manquement à copuler ou à se reproduire. Et cet enjeu majeur, semblant se jouer à ce niveau aussi intime qu'est la reproduction, recèle certes la principale divergence entre les systèmes politiques de la planète, et par là, la principale source de l'antagonisme mondial.

Chapitre 16

L'homophobie

En analysant les disparités de valeurs entre les nations, il apparait clairement que l'homophobie tire son origine de la volonté d'utilisation de la procréation à des fins mercantiles. C'est, en effet, la seule explication plausible au fait qu'une société donnée puisse tolérer si mal les gens qui refusent de se conformer au modèle du «couple reproducteur».

Notre étude a mis en lumière le fait que certains industriels, gouvernementaux ou autres, aient pu anticiper tirer profit de la reproduction forcée. Ainsi procéderaient-ils à l'endoctrinement, par l'éducation et la répression violente, afin d'établir la norme à un niveau qui leur convienne et arriver à leurs fins avides.

Mais les populations, elles, ont-elles le même intérêt à se reproduire sous pression? Peut-être était-ce justifié durant les temps passés, mais, aujourd'hui, devant l'état accablant de la misère humaine et des pauvres conditions de vie, il appert qu'une réflexion de fond s'impose, pour éviter de perpétuer une situation qui a déjà largement dépassé les limites de l'entendement.

Effectivement, s'il régnait véritablement une atmosphère de liberté totale d'association, la reproduction aurait un tout autre visage. Et les relations de conception-contraception seraient moins légion. La prise d'anovulants cancérigènes tendrait à devenir non nécessaire vu la gestion efficace et responsable de la fécondité et de la fécondation, versus la sensualité et le bien-être de chaque personne.

La sexualité aurait deux formes plutôt qu'une seule. Une forme axée sur la reproduction, et une autre, plutôt orientée vers la tendresse sensuelle, où visiblement, la semence prendrait une toute différente trajectoire que cette fataliste issue imposée aujourd'hui à des populations entières, par là, prises en otage.

Tandis que plusieurs adhèrent à cette façon de vivre plus fidèle au modèle du «couple reproducteur» – que ce soit ou non suite au diktat par l'état, et tout nous montre que ça n'aurait pas toujours été la formule de vie effectivement adoptée par tou.te.s, avoir été totalement libres de choisir –, bien d'autres n'y souscrivent pas et attestent vivement avoir subi d'infernales pressions, oppressions, rejet intégral de leur personne ou autre discrimination, du simple fait de leur choix, pourtant si naturel.

Pourquoi les spermatozoïdes seraient-ils «dirigés obligatoirement» vers les ovules tandis qu'ils ont pourtant l'entière possibilité d'être plutôt libérés dans la nature?!!

D'innombrables êtres témoignent avec sérénité de leurs singulières amitiés avec des personnes de même genre, comme d'une réalité naturelle, simple, ordinaire et totalement irréprochable. Et, il n'existe fondamentalement aucun argument valable qui puisse contredire cette affirmation.

Chapitre 17

Pratiques faillibles

Quelle est la justification de pratiques sexuelles qui tentent d'imiter les gestes de reproduction et conduisent certains amant.e.s à se comporter maladroitement par rapport aux règles d'hygiène fondamentale?

Cela nous semblait de fait assez incongru que des personnes, mâles, femelles ou intersexes, soient enclines à la sodomie ou d'autres pratiques à risque, simplement contraires à toute bonne connaissance de la biologie humaine; la relation entre l'incidence, pour le moins alarmante, des maladies sexuelles et la popularité de ces pratiques étant flagrante.

Et puis, comment peut venir à l'esprit l'idée de visiter l'anus, dans un cadre amoureux, quand le moment requiert plutôt, justement, selon d'humbles avis, de s'en tenir loin? Moult commentaires décrivent, entre autres, les douleurs atroces au derrière après de telles pratiques, et trahissent ainsi l'indolence crasse qui entoure ce sujet tabou.

Toutes nos recherches nous ont mené vers la même piste de réponse à ces interrogations, bien légitimes, concernant certaines pratiques faillibles: le modèle est si bien ancré dans l'imaginaire du fait d'un endoctrinement persistant, qu'il porte les partenaires à imiter la reproduction, la pénétration à tout prix, et ce, malgré la potentielle propagation des sécrétions anales et les maladies qui y sont associées.

La pénétration est-elle jugée si indispensable qu'il peut se produire qu'on privilégie tantôt nonchalamment un tel orifice, pour le moins, inapproprié? En tout cas, il semble que la sodomie soit un phénomène très répandu sur la planète, tout genre confondu. Et elle serait ainsi responsable de l'incidence de graves maladies sexuelles, que les partenaires s'occasionnent eux-mêmes, simplement en visitant ces zones spécifiques du corps qui sont carrément infectieuses. Et ces infections, on le sait, peuvent même apparaître chez une personne, par elle-même, lorsqu'elle ne maîtrise pas bien les façons de gérer correctement les activités autour de ses propres orifices, parfois disons, plus à risque, dont l'anus, justement....

Chapitre 18

La santé intérieure

Nous convenons certes que la fécondation est un momentum particulier et, en soi, l'accomplissement d'un acte hautement dirigé par notre propre esprit méritant toutes les attentions et tous les honneurs. Soit.

Nous admettons aussi que pour le bénéfice même des génitrices et des géniteurs – et en suite, celui de leur progéniture –, l'acte de fécondation s'accompagne souvent de l'acquisition préalable d'un certain lot de connaissances élémentaires, telles que différemment disponibles, à chaque époque, dans tous les coins de la terre.

Effectivement, depuis le début des temps, avons-nous colligé énormément de connaissances sur la santé, dont sont d'ailleurs issues des règles d'hygiène de base, notamment par rapport à nos propres orifices.

Or, la notion de la conformation particulière de chacun des genres nous a portés à considérer l'importance des précautions ultra-spécifiques à respecter et plus particulièrement, chez le spécimen femelle de notre espèce. Or, les informations à ce sujet sont trop peu abondantes, et des révélations cruciales, très délicates et très intimes, méritent de franchir, ici et maintenant, le mur du silence.

Concernant les ouvertures du corps, il y a, bien sûr, les oreilles, les yeux, le nez, la bouche et,... les autres. Et on sait combien il faut être vigilant avec ce qu'on introduit dans ces brèches du corps humain.

Et puis il y a encore l'urètre qui, elle aussi, est excessivement vulnérable aux microbes, virus ou autres, dans des conditions de possible malpropreté et notamment au contact de muqueuses ou de sécrétions anales. C'est très subtil, j'en conviens. Cependant, ces précieuses données biologiques sont trop souvent totalement ignorées, voire évacuées de la conscience, et vous me pardonnerez certes que je ne puisse, ici, passer outre leur mention.

On a qu'à penser à l'abondance d'images de relations intimes dont le cinéma, et d'autres médias – internet compris – font écho et qui sont, tant bien que mal, souvent les seules sources d'informations pour les jeunes d'aujourd'hui... C'est là que sont présentés, décrits et documentés, des types de rapports – parfois comme devant correspondre à la normalité –, où il y a vraisemblablement risque grave d'atteinte à la santé, dû à la propagation de quantité même très minime de liquides infectieux, dont les sécrétions anales, vers d'autres orifices des corps féminins, masculins ou intersexes.

Que dire, effectivement, de l'orifice du pénis qui entre en contact avec les ablutions anales lors de rapports de sodomie? Ou encore, aussi subtil et complètement ignoré, voire occulté, du danger du transport de telles sécrétions vers l'orifice vaginal?

Et là, on est très peu loquace dans la littérature officielle à propos de la vulnérabilité des organes internes aux matières fécales, potentiellement aspirées naturellement à travers les conduits, puis ensuite jusqu'à la prostate, ou à l'utérus et aux ovaires.

Quels dommages sont infligés alors au corps humain?!! Tout se passe de façon microscopique, mais…. se passe tout de même. Où est l'information à ce sujet? Où circule-t-elle? Difficile de trouver...

Pourtant, il est primordial pour tout jeune être de comprendre ce concept et de contrôler ses agissements, et ce au premier âge de la sensibilisation aux évacuations des urines et des selles. Chez tous les enfants, bien sûr, filles, garçons et intersexes.

Évidemment, les ouvertures des un.e.s et des autres étant configurées de façon différente, certains ne sont pas soumis aux mêmes risques avec leur propre corps. Cependant, on comprendra ici l'importance d'être mis.es au fait des implications physiques et des risques sur la santé liés à la gestion de ses propres sécrétions d'abord, mais aussi des subtilités des différences selon le genre. Ainsi, chez le mâle, l'urètre et l'anus sont beaucoup plus distants l'un de l'autre que chez la femelle.

Tandis que les enfants doivent apprendre les précautions nécessaires afin de ne pas s'infecter eux-mêmes, lors du nettoyage de ces parties, par exemple, après défécation ou autre, par contact avec la bouche, les yeux, le nez, les oreilles, la peau, etc., ils doivent aussi prendre conscience du fait que chez le corps «femelle», la distance entre l'urètre et l'anus est beaucoup plus rapprochée, et en plus, au mileu des deux, il y a le vagin et son canal, oh! orifice sacré, je vous en prie, et que cela augmente d'autant la potentielle dangerosité de gestes accomplis, considérant la vulnérabilité aux microbes et virus des organes, dont aussi ceux situés plus à l'intérieur du corps.

Et la sagesse nous conseille de saisir cette précieuse consigne: éviter d'introduire dans nos nombreux orifices, plus visibles ou plus intimes, tout objet susceptible de causer des maux, dont des infections, irritations et autres souffrances risquant de s'étendre jusqu'à provoquer des cancers, bénins ou malins, des systèmes du corps humain.

Les causes réelles des cancers demeurent très peu documentées. Cependant, l'intrusion de substances diverses dans les orifices, dont l'urètre – de l'homme ou de la femme, et dans le vagin de celle-ci – constitue un élément très suspecté dans cette affaire.

Quatrième partie :   *IMPLICATION*

Chapitre 19

La progéniture

En ce début de siècle, nous assistons à une montée aux barricades de plus en plus d'enfants qui constatent l'existence de faits troublants entourant l'histoire de leur conception. On les voit exiger sur le champ des explications, dénonçant du coup le manque de vision de leurs conceptrices(teurs) et les responsabilisant amèrement pour leur insouciance, voire leur négligence face à leur responsabilité au chapitre de la santé et de la sécurité de leur progéniture.

Quelle maladresse sociale, en effet, que cette façon cavalière de présenter le jeu sexuel comme une série de gestes, d'apparence anodine mais qui a le potentiel de se transformer, sans plus d'avis, en une scène dramatique grandiose, aboutissant à l'enfantement, trop souvent non voulu et non préparé.

Et cela se produit chez des personnes qui ne consomment pas de produits contraceptifs et aussi chez celles et ceux dont on a reçu le témoignage de l'inefficacité de la prise d'anovulants. De fait, la prise d'anovulants comporte certains aspects assez flous dont les jeunes, en particulier, acceptent difficilement l'incohérence.

Et l'enfantement surprise est une réalité parfois bien amère autant pour les parents que pour les enfants eux-mêmes... Mais ensuite, il faut fait avec!

Heureusement, avec toutes les connaissances compilées à ce jour sur la jouissance sexuelle, possédons-nous une érudition hautement signifiante pour démontrer les rouages d'une sexualité saine, vivifiante et édifiante, et, manifestement, sans interférence avec la copulation!

Devant l'imminence d'agir leur tour venu, des jeunes s'expriment abondamment déjà du sort douteux qu'on leur réserve. En fait, quel est le choix réel des jeunes gens d'aujourd'hui, dans un contexte où le geste de procréation se présente comme étant non négociable? Ce qui leur est proposé, trop souvent, se limite à seulement deux alternatives. En premier lieu, ou bien les femelles expérimentent le port de stérilets ou consomment des pilules cancérigènes anticonceptionnelles, et les mâles portent le condom – aucun n'étant garanti à 100%, on le sait et l'ignore bien – dans le but de contrer le phénomène obsessif de la conception.

En deuxième lieu, celles qui ne sont pas à l'aise avec le port de stérilet ou la prise de la pilule, et celles et ceux qui sont inconfortables avec les interventions chirurgicales, n'ont d'autre choix que d'accepter un rôle de mère pour les unes, et celui de père, pour les autres.

Mais, en exposant ces deux seules éventualités, a-t-on dressé une liste réellement exhaustive des possibilités? Non, certes pas.

De fait, notre étude nous a montré qu'il y manque, de toute évidence, l'alternative du concept d'*Amour Écologique,* où sont exposées les judicieuses indications sur la possibilité de vivre un relation saine – et sans insémination (naturelle, s'entends) à répétition –. Effectivement, selon la notion d'*Amour Écologique,* l'Amour devient vite un charme plutôt qu'un piège.

L'*Amour Écologique*, pur et simple appelle positivement une sexualité exempte de douleur, de négation, d'abnégation, de risque, de contrôle et d'avilissement. Et nous sommes heureusement à l'ère de sa révélation!

Et en plus de faire complète la présentation de l'éventail des possibilités, afin d'éviter l'embrouille dans les relations, le concept d'*Amour Écologique* provoque de grands encouragements dans la réalisation de la procréation vraiment naturelle, organique, libre et écologique.

En fait, l'*Amour Écologique* représente ce type de sexualité saine, pure et simple, et – oserai-je, hautement jouissive – qui se traduit par une façon de vivre et de se comporter qui tend à libérer complètement ses adeptes du stress lié habituellement à la sexualité.

Et le Québec est certes le berceau de l'émancipation extraordinaire qui caractérise cette société, des plus libres de monde.

On comprendra facilement que tant de personnes apprécient le fait de surfer loin de la hantise des maladies et de tous ces cancers spécifiques rattachés aux relations sexuelles avec génitalité inadéquate – souvent associée à la présence de l'E. Coli – et/ou liés particulièrement au pratiques de la contraception.

Et la résistance offerte parfois à accepter la liberté d'aimer porte à poser ces questions fondamentales: comment les groupes de gens qui forcent allègrement leurs congénères à procréer sans vergogne répondent-ils de leurs commandements? Quelle est leur position devant l'existence de milliards d'enfants qui souffrent et se tournent vers eux pour leur demander maintenant des comptes?

Dans cette conjoncture de coercition, qui prend la responsabilité de l'enfant né et à naître? Comment expliquer à l'enfant les circonstances réelles de sa naissance et les causes de la négligence à son égard?

Pourquoi enfanter lorsque vous ne pouvez envisager assumer correctement les responsabilités requises, de sorte que l'enfant-né vive un martyr? Voilà peut-être la plus grande question à poser en ces temps d'abomination.

Et mon interprétation du sens de la question de Shakespeare «to be or not to be» est totalement liée à cette récurrente interrogation de «procréer ou non». Parce que toujours on se dit qu'on aurait pu «être ou ne pas être» en cette minute même. Et on pense à ce moment béni où les amant.e.s jadis – nos concepteurs – étaient sur le point de choisir entre deux voies; procréer ou se rencontrer en toute simplicité dans l'énergie sacrée... Mais, avaient-ils ou non le choix? Car encore faut-il vivre dans un pays où règne ce magnifique respect du libre choix des gens en la matière.

La sagesse tient de l'intelligence et de la responsabilité. Et on convient facilement que, dans certaines circonstances, ce soit une décision très sage d'éviter la grossesse, de savoir s'abstenir de mettre les semences en contact avec les dites gamètes. Le sort d'enfants-potentiels est entre nos mains et nous possédons certes, toutes les qualités pour expérimenter la liberté de reproduction.

Et dans notre beau pays, le mouvement de libération, dont la révolution tranquille – issue des années '50 et s'étalant durant les années '60 et '70 –, persiste à nous inspirer et nous faire profiter de multiples opportunités afin de créer des conditions de vie optimales.

Nous avons bouleversé l'ordre établi qui nous voulait soumis.es, vers un nouvel ordre de discipline et d'intelligence de l'Amour. Voilà pourquoi sommes-nous très puissants à protéger notre système de valeurs – dont font foi notre système politique, la démocratie, et nos codes civil et criminel –, versus la théocratie ou autre système politique totalitaire.

Et en tant que génération ayant connu la soumission puis la liberté, continuons-nous de choisir la liberté, en toute conscience.

Et lorsqu'on parle de liberté, la notion de sécurité physique est primordiale. En particulier en ce qui concerne les réelles distinctions entre féminité et masculinité. Et, force est d'admettre, les informations sur ce thème s'avèrent parfois assez indignes.

Par exemple, évoquons, pour le bien de la cause, cet endroit sur le corps humain, très distinctif de par sa morphologie et sa fonction, mais trop souvent incorrectement représenté: l'orifice vaginal. En effet, avons-nous eu la surprise de voir, sur le bureau d'un gynécologue, la supposée reproduction, en plexiglass transparent, de l'orifice en question et son canal vaginal où, totalement faussement, ils étaient dépeints comme une cavité ouverte, de 4 cm de largeur, tandis que dans la réalité les parois de cet espace sont, à priori, complètement accolées.

Or, la simple vision de cette si importante partie d'anatomie féminine, dont la forme ressemblait plutôt à un moule du sexe mâle qu'à sa véritable essence, m'a éveillée à l'existence d'un endoctrinement selon lequel le sexe féminin serait quasi destiné à être rempli.

Et voilà où réside une bonne partie de la controverse et de la mésentente – et tous les problèmes liés à celles-ci – entourant le caractère reproducteur des organes femelles et mâles. En effet, l'imagerie de rapprochement entre ces organes, falsifie la réalité au profit de la seule copulation.

Or, par essence, les canaux vaginal et utérin sont fermés, et ainsi, leur intimité protégée. Et ce corps aura été déclaré irrévocablement inviolable – par l'avènement de la criminalisation officielle du viol –, notamment lors de revendications féministes, au siècle dernier.

À cette époque, dans le but de distinguer ce geste d'autres agressions sexuelles, et par sa particularité directement liée au grand thème de la reproduction, nous considérions le terme «viol» comme identifiant spécifiquement la pénétration forcée en lien réel ou virtuel avec une potentielle fécondation.

Aussi, en plus du caractère sacré de l'intimité de l'antre féminine, il fut question de sa vulnérabilité aux maladies.

Et effectivement, surgit cette interrogation: est-ce véritablement possible pour quiconque, sans une attention particulière, d'atteindre habilement ces zones féminines délicates et s'y attarder, sans ne causer aucun tort? Les ouvertures à ce point contiguës ne sont-elles pas, par là, en constante position d'extrême précarité les unes face à l'autre? L'autre étant – le dernier et non le moindre – l'anus, tout aussi fermé, et qu'il est risqué d'aller visiter sans d'ultimes et fatales répercussions.

Ceci est-il bien enseigné? Vu le constat de l'effroyable incidence de maladies sexuelles, il est clair que non. Et nos sondages d'opinion nous montrent bien que la plupart des gens peinent à prendre en compte cette problématique, ou rejettent carrément sa potentielle véracité.

Et il n'est pas rare de voir, présentement, des gens exprimer le déni total d'une possible corrélation entre bactérie E. Coli et infection vaginale ou urinaire, de l'urètre, de l'utérus, de la prostate, des reins, de la gorge ou de l'estomac et de tout autre organe intérieur, de tout genre confondu, touché par la bactérie et ses dérivés.

Alors qu'on dépistait et étiquetait, dans les années cinquante, les malades ainsi atteints comme étant des gens ayant effectivement dépassé les règles des pratiques sanitaires, aujourd'hui, a contrario, ce sont les pratiquants d'une sexualité saine qui, parfois, se retrouvent ostracisés, et plus particulièrement, infantilisés, ridiculisés et évacués!! Ostracisés dans les rapports d'hétérosexualité comme d'homosexualité: lorsque vous refusez de vous soumettre au principe de l'intromission du pénis – ou bien d'un objet quelconque –, dans un de vos orifices, vous êtes trop souvent aussitôt repoussés, femme, homme ou intersexe, et on a vite fait de vous conseiller de consulter un professionnel de la santé, ou de la sexologie, qui aura tous les arguments pour tenter de vous convaincre que vous êtes anormal et vous proposera alors une ribambelle de traitements pour vous débarrasser de votre pseudo-malaise!!!

Pourtant, cette indisposition face au modèle de pénétration obligatoire est un sentiment tout à fait légitime et personnel et, ma foi, à mon humble avis, même tout à fait louable. Et il serait également plutôt souhaitable de considérer le fait de se questionner au sujet de la reproduction comme le signe d'une intelligence plus raffinée de la problématique sexuelle, d'une conscience plus élevée de la biologie humaine, d'un sens subtil des responsabilités, ainsi que la marque substantielle d'un profond respect de la copulation dans toute sa grandeur.

Précisons ici que mon propos ne vise surtout pas à prouver qu'un couple hétéro serait nécessairement issu de l'emprise de la dictature, bien au contraire. Car nécessairement, en terrain libre, les associations, quelles qu'elles soient, méritent d'être qualifiées d'écologiques. Il faut seulement être très vigilent.e.s pour discerner la différence entre encouragement à adopter un certain comportement, dont l'association f/m, et menaces de mort proférées dans le but de contraindre toute personne à s'y conformer. C'est deux.

Le concept d'introduction d'objets dans les ouvertures du corps d'une personne mérite certes une attention particulière. C'est très tôt, genre dès un an, en effet, qu'il faut savoir par exemple que des branches, du sable, ou autre objet, ne doivent pas être insérés dans nos conduits. C'est vital!! Les parents montrent ça à leur enfant.

On a reçu des témoignages de jeunes enfants qui confiaient s'être fait proposer d'entrer en eux un objet. Notamment, elles et ils ont parlé de petites branches de bois, dans ces endroits sensibles et intimes de leur corps, lors de jeux de découvertes ou autres situations diverses. À quoi ils se sont farouchement opposés, évidemment.

Et là, vous en conviendrez, dans le simple fait de devoir constamment réitérer, avec tant de difficulté, l'exigence de gérer élégamment ce phénomène d'intrusion, qui n'a de cesse de poser problème, tient l'une des plus vastes et des plus scabreuses réalités de l'humanité.

Chapitre 20

L'intrusion

À ce propos, j'en profiterai pour exposer humblement mon avis sur la preuve la plus flagrante de l'inculture crasse par rapport aux orifices humains, exprimée parfois, entre autres, dans les média de la planète.

Je rappellerai donc ici les circonstances d'un événement révélateur, *l'affaire,* qui a défrayé la chronique en 1998, où on étala avec une innocence déconcertante les agissements du président des États-Unis d'Amérique d'alors, lui-même visiblement ignare en la matière, et où l'annonce de possibles intimités avec une jeune femme fut publicisée à travers le monde entier.

De source sûre, semble-t-il, mentionna-t-on alors que monsieur le président eût tenté d'introduire ou eût introduit «un cigare» dans l'orifice sacré de sa partenaire du moment.

Quiconque a déjà fumé le cigare sait que le jus de havane est très fort en bouche, n'est-ce pas? Et puis sur la peau, il est quasi... caustique. En fait, il y provoque parfois une sensation de brûlure.

Alors, quelle ne fut pas notre surprise d'apprendre que le président lui-même puisse nourrir un tel fantasme et pire encore, qu'il l'eût mis à exécution... De toute évidence, il n'aura pas pris en considération le fait que la feuille de cigare puisse dégager des substances hautement irritantes et possiblement contaminantes, et à plus forte raison, en ce contexte d'intrusion dans le saint orifice du corps d'une femme.

Et tandis que seule la forme phallique du cigare semblait attirer l'attention médiatique mondiale, ce sordide contact avec cette partie sacrée de la femme comportait, lui, un élément réellement plus dérangeant. En effet, ce geste d'une bassesse légendaire, représentait une menace réelle et portait atteinte directement à la santé de la dite personne.

Le liquide toxique qui se dégage du cigare cause certainement, par son intrusion dans le corps humain, un dommage physique considérable. Mais, que sait-on exactement des réactions physiologiques de l'intérieur féminin aux intromissions d'objets par voie «vaginale»? En tout cas, si on se fie aux statistiques de Santé Canada sur les maladies, 70% des gens seraient affligés de maux liés à des pratiques sexuelles douteuses.

Avez-vous rêvé, ou est-ce que ça voudrait dire que 70 % des personnes ne s'inquiètent pas de ce qui est introduit dans leur corps??? Et, au fait, «qui» introduit «quoi», et «où»?? Parlons-en, tiens.

Et pour démentir l'idée que la pénétration serait essentielle, une autre interviewée nous dit:

«Dans mon enfance, je me souviens avec grand intérêt de moments de grâce où je ressentais une forte libido, notamment quand je jouais en compagnie de ma petite amie d'alors. Je me rappelle, en particulier, un jour où nous étions dans un état de liberté et de communication très avancé lorsque je me sentis, avec grand étonnement, avoir ce que d'aucune appellerait un orgasme. Or, il n'y avait eu échange d'aucun toucher. Tout bonnement des regards et des mots, en confiance. J'étais habillée et mon amie aussi, debout, vivant simplement des moments de joie, en toute confidentialité. Franchement, humainement.»

Dans le même ordre d'idées, une écrivaine talentueuse qui participait souvent à des rencontres dans le cadre du mouvement féministe, soulignait aussi alors vivement le comportement sain de son fils: *« Il bande quand il rit».*

Eh! bien, tout ça est très explicite et encourage, en effet, la conviction du principe que l'expérience de jouissance, si intime et personnelle, dépend, somme toute, du niveau de joie créé et ressenti dans une situation donnée. Aucun geste, aucun toucher n'est donc à priori nécessaire à l'extase corporelle! Et voilà une révélation, tiens, une illumination, confirmant du coup que les gestes amoureux, réellement ou virtuellement posés et accomplis avec adresse, selon la théorie de l'*Amour Écologique*, sont littéralement une «bénédiction».

A-t-on le réflexe de vouloir absolument entrer une branche dans un contenant? Pas plus naturellement en est-il du membre masculin. Dommage qu'on le veuille voir encore trop souvent errer dans des sections infectieuses... Il n'a pourtant pas à se frotter au pire et être obligatoirement confiné aux cavernes, comme la société officielle le propose. L'univers est infini et l'invite à le recevoir avec grâce. Libre dans l'espace. Comme sa semence qui bénéficie tant de se trouver, elle aussi, libérée dans l'univers infini.

Alors, et seulement alors qu'il y a confirmation de la volonté de fécondation, les semences peuvent-elles être majestueusement dirigées, avec toute la force de leur réelle signification, près de l'auguste entrée, pour leur course vers les ovules.

On le sait, la pilule anticonceptionnelle, destinée à la consommation par une femme, n'est pas efficace à 100 %. Or, celle-ci se retrouve dans une situation excessivement délicate où, dans les cas de grossesse non désirée, il est certes très difficile de statuer sur sa réelle responsabilité lors de tels incidents...

Par contre, lorsque c'est plutôt le galant qui assume d'être le responsable gestionnaire de sa puissante semence, la situation se transforme grandement et les rapports de force deviennent, en tout point, plus égalitaires et écologiques.

Le XXIe siècle a vu la terre accueillir son 7 228 099 254 ième humain. Avec toutes les calamités qui se vivent en ce jour sur la planète, on peut affirmer sans contredit que nous sommes en situation de surpopulation. Il serait donc souhaitable d'établir les mécanismes qui vont permettre à tous les êtres de pouvoir procréer à leur guise et non y être forcés, comme c'est malheureusement le cas présentement.

Ce livre convient à ceux qui croient en la liberté et en une sereine attitude afin de constituer une force pour une meilleure suite des choses en ce monde.

Ce qui importe maintenant, est de faire reconnaître mondialement qu'il y a d'autres modèles tout aussi vénérables que le sacro-saint modèle du couple f/m à vie.

Le temps passé avec un autre être est chargé de sens et de magnétisme : et il convient de privilégier la qualité à la quantité des heures, des jours ou des années effectivement partagées avec telle ou telle autre. Toute relation humaine méritant inconditionnellement nos égards.

Chapitre 21

L'extase

Depuis des siècles avons-nous peaufiné nos textes de lois afin de garantir la paix et la réalisation de chaque être. Permettre l'extase.

Et il y a bien des paramètres en jeu. Par exemple, avons-nous constaté entre autres que lorsque sa vie professionnelle va bien, on est plus enclin à être allumé. Et, quand on est allumé, l'extase se manifeste plus facilement.

Combien sommes-nous à voir la situation de façon plus... pragmatique? Parlons-nous sur le site «amourecologique.com» …

Voici un extrait documentaire:

"Je me rappelle mes premières nuits d'intimité avec une autre personne. Un lit immense dans un appartement vieillot où ma compagne revêtait mille visages; je la trouvais très belle. J'étais impressionnée. Avec quelques collègues, elle avait fondé une troupe de théâtre. Elle m'a invitée à rejoindre leur groupe, sur scène, pour faire le bruitage et la musique du spectacle. Et j'étais très bonne là-dedans. Je pouvais jouer du violon, de la guitare, du piano, de l'accordéon, de la trompette, tout, des percussions, tout.

Cette nouvelle situation était donc pour moi un élément déclencheur à attiser ma joie et ma passion d'être. De plus, chose importante à considérer, nous nous nourrissions bien. Surtout que, pour ajouter à la perfection du tableau, elle m'avait invitée à être, moi aussi, membre de la première coopérative d'aliments naturels de Montréal. Ça pouvait difficilement être plus approprié pour une jeune universitaire de 19 ans. Donc, j'étais dans mon élément. Une consécration!

Et, quand venait le temps de se mettre au lit, j'étais dans un état altéré: vie de rêve, espace de cocagne où j'explorais enfin la luxure! J'apprivoisais doucement le contact des corps. La douceur, les textures de peau, de langue. C'était formidable. Là où ça gâchait un peu, c'est lorsque, au beau milieu de mon épanchement, elle me demandait de lui faire des choses plus... osées. Mon spleen était, ipso facto, promptement cassé et ma lente ascension carrément mise à mort. Et je ne sais pour quel motif puéril je consentais sur le champ à me conformer au modèle standard de comportement sexuel, ou du moins à ce que j'en comprenais alors.

Aussi, même si je considérais son commandement quelque peu déplacé, voire grossier, je choisissais d'obéir. C'était aussi probablement pour «connaître ce modus operandi» qui me semblait alors, à tort, rallier les êtres humains de la planète: faire l'amour étant présenté comme l'exécution d'une série de gestes, appris çà et là dans les livres, photos, films. Et j'obtempérais malgré mes convictions, moi qui me disais maîtresse en yoga tantrique! – signe indéfectible de mon appréciation précoce de l'intériorité, de la pause et de la profondeur du ressenti –.

Je poursuivais donc docilement l'élan d'harmonie des sens, entrant dans ce rôle d'amoureuse intriguée, et inspirée par ma douce compagne, par la vie elle-même, par ma vie, la nature et bien sûr, comme beaucoup de mes compatriotes, comprends-je, par la fécondation, la naissance, et peut-être aussi par le moment de ma propre conception et même, pourquoi pas, par l'allaitement.

Mais, dans mon fort intérieur, fervente pratiquante du «ici maintenant», je vibrais, plus que tout, à l'ondée de la présence de nos corps et de l'expérience de leur sensualité. Et puis, de la cyprine d'amour!!

Aujourd'hui, je regarde tout ça, et j'ai envie de repartir justement au moment où j'ai laissé ce spleen, il y a 37 ans. Vivre comme je veux, enfin! Et surtout, j'ai réalisé que c'était totalement légitime de préférer des relations pures, simples et empreintes de confiance et de sécurité. J'ai enfin compris – tardivement certes, mais tout de même – que cette volonté, fondée sur des principes écologiques de santé et de bien-être, était , ma foi, plus qu'honorable. »

Or, le constat tiré du récit de cette expérience est éloquent: même dans l'homosexualité d'aujourd'hui, à l'instar de l'imagerie mentale associée à la sexualité en général, tout semble pousser les partenaires à vouloir imiter les gestes de reproduction, et ce, évidemment, malgré les meilleures intentions du monde.

Cette autre encore nous dit:

«Et c'est ça qui me tracassait justement dans mes premiers ébats amoureux. Je m'attendais, à juste titre, à avoir des ébats amoureux langoureux, donc avec beaucoup de créativité, de tendresse, de

marques d'appréciation. Quand on parle de liberté, c'est jusque-là n'est-ce pas? Jusque sur un lit, fût-il de paille, de rosiers, ou de fougères et d'immortelles! La dictature a-t-elle investi ma chambre à coucher! Conformisme débordant. Je crie au scandale! J'ai besoin qu'on accepte ma vision plus éthérée...»

Et, il faut bien l'avouer, ce genre de commentaires où les préférences ressemblent à cette envie de paix et de respect sont très nombreux.

Chapitre 22

Supercherie

La supercherie est ici évidente. Tout porte à croire, en effet, que cette super aventure sociale qui perdure se serait développée à mesure que certains pouvoirs furent usurpés et que certaines personnes se mirent à convoiter l'augmentation de la population de leur bled, quand miroita l'excellence du profit éventuel lié au nombre de citoyens et à sa croissance!

Oui, par exemple, le projet de faire accroitre la disponibilité de la main-d'oeuvre «bon marché», et voir grossir la tarte de perception des impôts, peut paraître certes très motivant, mais les moyens utilisés pour y arriver s'avèrent trop souvent coercitifs et constamment dénués du respect des règles de l'art!

Il faut être véreux en effet pour penser à comploter afin de faire grandir la taille de la nation par la coercition! Tenir les gens sous le joug. Utiliser les outils réservés à la chasse – fusils, bombes, etc. – pour imposer son pouvoir sur la populasse!!! Il faut toute une indélicatesse d'esprit pour penser à ça et procéder. C'est quasiment certain que c'est l'oeuvre de gens qui sont mentalement perturbés par des substances psychotropes. Ils peuvent être un couple royal, des familles de brigands notoires, de quelconques associations pseudopolitiques ou autres, des industries, tout... Mais chose certaine, ils tyrannisent actuellement des nations entières.

J'ai trop baigné dans la culture humaniste, depuis mon enfance, pour ne pas tiquer à propos de l'esprit de conquérance. On ne s'en cache pas, il existe des idéologies qui prônent l'uniformisation des peuples. Existent aussi des dictatures de ce monde qui détiennent déjà des empires. Certains détenteurs de pouvoir ont, de toute évidence, le dessein de gagner du terrain, d'envahir des territoires avec la population, le peuplement, quoi... par la reproduction forcée; phénomène mondialement répandu et totalement observable. Et, en toute apparence, son imposition s'avère être excessivement insidieuse...

Allons-nous pouvoir statuer et affirmer haut et fort que de «forcer la reproduction est un crime humanitaire»? Les représentants des pays pacifistes affirmeront-ils enfin: c'est «illicite ici»? Et le tribunal international statuera-t-il très bientôt sur le fait que d'imposer la copulation obligatoire est un acte absolument non éthique sur cette planète?

Effectivement, pour contraindre à la fécondation, les dictateurs ne cessent d'employer la force, la violence et la terreur. Et les femelles, les mâles et les intersexes sont tous également soumis à cette torpeur!
Les gens risquent donc dans plusieurs cas de se retrouver alors, malgré leur volonté, dans l'obligation de former des couples et se reproduire, selon un schéma où souvent même le nombre d'enfants est prescrit.
Et, au sein de sociétés démocratiques, on constate que cette dictature continue impunément d'exercer son emprise sur le taux de natalité de certaines communautés qui persistent à vivre sans vergogne sous un système théocratique trop bien ancré dans leur culture, ceci pouvant se solder par l'obligation de mettre au monde trois, huit, voire jusqu'à douze enfants, parfois.
Exactement, en fait, comme ça se passait au Canada, et plus précisément au Québec, dans les soixante premières années du siècle dernier, sous les commandements de la religion catholique – dont le jansénisme, et autres crédos –, alors en liaison très intense avec l'état. Alors que la France, elle, au même moment, se sortait justement de ce carcan.

Celle-ci encore raconte:

«Le nombre de grossesses de ma propre mère est effarant... Elle témoignait souvent des douleurs atroces qui ont marqué ses accouchements. C'est une plaie! Les enfants, nous avions l'air hébété et le caquet bas, devant la maigre existence qu'était la nôtre. Or, sans attendre ni crier gare, avons-nous retroussé chemises, et, à la pâte mis la main, au mortier la pelle et au plâtre la truelle, comme le balai aux routes, la hache aux trembles et la paille à la grange, pour gagner courageusement sa pitance.»

Et cet autre confie ceci :

«Nous sommes forts et conscients. Ce soir, par exemple, je voyais un film français, comme il en existe des milliers, où un homme attendri s'empresse de descendre sa braguette pour empoigner son sexe et le forcer sauvagement dans l'antre d'une demoiselle qu'il connaît à peine et pour laquelle un béguin subit surgît!!!! La jeune belle est ainsi mortifiée, physiquement et moralement, et, toujours plus ahurissant, peut-être enceinte... Voilà le schéma incompréhensible qui me hanta, ma vie durant.»

Ce geste d'agression que le cinéaste présente ici de façon presque anodine, est, d'un point de vue humaniste, une totale aberration.

Combien de personnes ont, un jour, ressenti l'ampleur de l'absurdité de ce geste maladroit, posé ici quasi inconsciemment. Pourtant, ce geste devenu si journalier et commun pour d'aucun.e, est le geste humain qu'on pourrait identifier comme le plus lourd de conséquences –quoique tout le décorum qui entoure le silence sur la portée de cet acte soit parfaitement décontenançant –.

On n'a qu'à y voir patauger témérairement les jeunes: un drame entier s'y joue mais le sujet demeure interdit.... Or, ici encore, les gestes d'amour prennent certes une toute autre dimension lorsqu'on encourage à faire gérer la semence par son producteur.

La réflexion sur la démographie et notre pouvoir sur elle, est bel et bien amorcée. Et les plus vieux racontent volontiers leur vécu, ayant été eux-mêmes, effectivement, acteurs de ce scénario écrit pour eux, où certains soirs de catastrophe, la joie de vivre fît tantôt place au désarroi le plus profond, aux douleurs les plus atroces, lors d'irritations immondes, ou encore à cause d'une infection chronique, herpès ici, herpès là, grossesse, oh! grossesse qui s'empare de jeunes ingénu.e.s nés eux-mêmes de parents candides. Ainsi, la naissance de

milliards d'enfants purs aura fait et fait encore vraisemblablement le bonheur des grandes entreprises déclarant allègrement:
«Main-d'oeuvre bon marché, à profusion, amenez-en!»

Les partenaires amoureux dans ce soir langoureux ne voulaient pourtant seulement qu'exprimer soin et gentillesse l'un.e envers l'autre. Et voilà, oh! surprise!, que la fécondation et une grossesse non planifiée se dessinent, durant les gestes empreints d'une génitalité non nécessairement souhaitée, mais imposée comme modèle unique de relation.

Qui protège les jeunes gens contre ce genre de situation? Qui renseigne les jeunes et moins jeunes sur les conséquences des comportements à risque? C'est une affaire de communication entre nous, et les nouvelles vont vite!! Mais les parents ressentent souvent de la difficulté à communiquer sur le sujet de la sexualité et de cette situation délicate où les incarnations vivantes des conséquences de leurs gestes se tiennent debout devant eux, avec beaucoup de questionnement et de raffinement, pour une véritable confrontation des génitrices(teurs) et de leur progéniture.

Quatorze ans, quel jeune âge pour commencer à utiliser des anovulants, des médications, et autres, qui ont potentiellement des effets secondaires désagréables telles des douleurs abdominales, dépression, étourdissements, maux de tête, chute de cheveux, état de nervosité, etc., etc. Il y a aussi, fréquemment, dit-on, formation de caillots de sang, qui peuvent s'installer dans le cerveau, le coeur, les poumons, les yeux, les jambes. Perte de vision, vomissements, syncope, problèmes d'élocution..... C'est phénoménal ces informations qui entourent la prise d'anovulants! Et on demande à la trop jeune patiente de prendre des décisions face à ça, et d'en assumer la charge, selon son état ou ses prédispositions physiologiques...
Pour une adolescente en développement, n'est-ce pas épouvantable et nettement inacceptable? Et d'en assumer la prise quotidienne et à heure fixe, supposément pour en valider le fonctionnement... Quelle responsabilité sévère et quelle tâche ingrate!!! Et tout ça supposément seulement dans le but d'avoir des relations dites sexuelles! Oh! Quel plaisir, merci! Jouissance assurée, vous êtes sûr?

Heureusement, les enfants nés au milieu du siècle dernier connaissent de mieux en mieux, aujourd'hui, les risques sur la santé de certains comportements intimes. Et à l'analyse, ils sont en mesure de déceler la témérité avec laquelle même leurs propres parents peuvent avoir agi dans cette affaire, ainsi poussés dans l'ornière par le subtil diktat.

Mais, attention, jamais je n'oserais suggérer que les parents soient tenus responsables de n'avoir pas su mieux agir. Ni, non plus, être tenus responsables d'avoir eux-mêmes été victimes des menaces et des subterfuges de représentants de l'autorité en place. Ou encore, d'avoir été endoctrinés et enrégimentés afin de vouer une confiance sans bornes ni discernement envers la fulgurante ascension de la pharmacopée chimique des dernières décennies, avec notamment un déni total de l'herboristerie et une fermeture au recensement des principales plantes et de leur usage thérapeutique, par exemple.

Heureusement dans bien des sociétés démocratiques il n'en est plus ainsi, et l'industrie des produits naturels est fabuleuse.

Mais, il faut porter une attention particulière aux vestiges d'un temps qui n'est peut-être pas totalement révolu. Il n'y a qu'à voir aujourd'hui encore de telles dictatures persister et s'immiscer dans des systèmes politiques démocratiques, en certains lieux de la terre, par des outils pédagogiques qui propagent des enseignements prônant la violence entre les êtres, l'homophobie, etc...

Les dictatures sont certes les conséquences déplorables de désordres psychiques de leurs dirigeants. Démesure liée certes à une possible consommation de substances aggravantes tels certains médicaments synthétiques somnifères, tranquillisants, anxiolytiques, et antidépresseurs à effets secondaires importants. Et aussi, nommons l'effet pervers que peuvent avoir parfois le sucre, l'alcool, le café, les pilules de toutes sortes, pour la pression et autres, qui agissent toutes directement sur le système nerveux central et le sens de la perception, et ce, parfois, de manière absolument véhémente.

Voilà la seule raison intelligible qui puisse expliquer l'incongruité de certains propos de dictateurs qu'on entend ici et là dans notre entourage et partout sur la planète. On a qu'à penser à la folie qui a gagné cette année notre amie chérie, la Russie, où apparemment, la moitié de la population s'opposerait à l'amitié de gens de même sexe. N'est-ce pas abominable?

D'abord, comment voulez-vous identifier le sexe d'une personne, notamment dans les lieux publics? Serait-ce par la longueur des cheveux, le type de vêtements? Et cela reviendrait-il à dire qu'il est défendu de porter des vêtements qui ne correspondent pas à ceux assignés à votre sexe? Et quels seraient-ils? Quels uniformes sont dévolus aux un.e.s et aux autres? Qui décide justement des apparences devant appartenir exclusivement à un genre plutôt qu'à un autre? Quand on sait que la robe courte, les cheveux longs et les talons hauts conviennent aussi bien à tout genre!

Et d'un point de vue sociologique et écologique, comment doit-on interpréter ces intentions des autorités à vouloir réprimer si sévèrement les démonstrations de tendresse entre personnes aimantes?

Que l'amitié verse ou non vers la sensibilité, la sentimentalité, la sensualité; où est la frontière, si ce n'est dans la conscience de chacun.e? Le phénomène de l'amitié est universel et toute accolade amicale peut comporter un caractère sensuel, à divers degrés, selon la situation et les acteurs en présence.

Or, qui veut s'interposer entre les êtres qui s'apprécient, pour dicter les limites de la profondeur de leur sentiment le plus intime?

Des commentaires sur ces questions ont fusé. Le plus courant fut: «Qu'on nous laisse la paix.» Signe sans doute qu'il est plus que temps de clarifier la véritable position de chacun.e face aux relations humaines et face à la sexualité elle-même, afin de promulguer des enseignements plus épanouissants et écologiques.

C'est effectivement ce qu'on observe dans des groupes où justement certain.e.s jeunes sont vivement engagé.e.s sur une voie de pureté et de simplicité dans leurs rapports amicaux et sensuels – que ce soit avec des gens de même sexe qu'eux ou non –, et caressent manifestement le désir intelligent d'adopter des comportements sains et limpides. Le désir aussi de demeurer constamment dans la conscience de leur être, de leur âme et de l'univers dans lequel ils évoluent.

Ces jeunes n'adhèrent déjà plus au modèle ancien qui poussait tout.e un.e chacun.e à vouloir imiter les autres. Ces jeunes personnes s'appliquent maintenant à mieux savoir, connaître, réfléchir, ressentir, et anticiper les retombées possibles de leurs gestes. Elles s'intéressent à évaluer les effets, les sensations ou le plaisir, cherchent à éviter les douleurs et à reconnaître leur volonté, leurs désirs réels et inventés et leurs désirs compris et projetés. Tout ce qui semblait mêlé et secret, se clarifie et se dévoile enfin. Et ce mouvement écologique se propage à une vitesse vertigineuse, se produisant maintenant partout chez les gens, les ami.e.s et la parenté, proche ou éloignée.

Chapitre 23

La santé naturelle

À la lumière de l'expérience de la santé naturelle et de la magnificence des vertus des herbes médicinales et leurs dérivés, et des traitements d'argile, de pierres, etc., vécue par moult personnes qui pratiquent l'auto-santé, il ressort avec évidence que les marques de méchanceté ne sont guère confortables dans un corps et un esprit sains. Que les êtres humains ayant un régime sain et qui ont recours, le cas échéant, aux remèdes dits «naturels», sont plus enclins à être menés par la joie et sa quête. Joie imprégnée de générosité, d'intelligence, que dis-je, de génie, d'ouverture, d'inventivité et de partage. Voilà ce qu'une personne saine représente, et voilà aussi ce qui anime son choix de vie. Et, s'il en est, elle demeurera valeureuse tout au long du recours à une thérapie.

Alors que certains considèrent naïvement que l'être humain est fondamentalement enclin au mal, mon cheminement, totalement axé sur la santé naturelle et l'auto-guérison par les plantes, etc., et les rencontres d'autres personnes qui ont ce même parcours, m'amènent à comprendre l'histoire de l'humanité d'une toute autre perspective.

Aussi, de toute évidence, tous les déboires, délires et crétineries humaines apparaissent réellement comme d'élémentaires, mais parfois terribles conséquences de mauvaises ingestions... Et, toutes les failles, toutes les batailles ne sont que de pénibles répercussions à des ingurgitations de poison.

Et pour en faire la preuve, on peut facilement remonter dans le temps mais aussi dans le sang.

Alors ne serait-il pas de bon aloi que d'instituer des contrôles de consommation sévères, pour les dirigeants nationaux, afin de garantir un espace terrestre globalement plus éthique et plus juste? Exactement comme on fait pour la lutte au dopage et son dépistage chez les athlètes en compétition!

Une autre question très intéressante se pose: la qualité des spermatozoïdes est-elle altérée par des substances ingérées par leur générateur? La responsabilité du géniteur et celle de la gestante sont, certes, grandes et fermes, en termes de qualité de l'être à procréer, et leurs responsabilités antérieure et présente sont totales. Antérieure aussi de leur propres gestante et géniteur respectifs.

Ça va loin l'affaire! Ça va loin derrière et loin devant assurément! La responsabilité face à la procréation est de la plus haute importance. Et ce pouvoir de poser des gestes qui portent à conséquence – de la sorte – est immense. C'est ce pouvoir qui nous a fait. Et qui nous a fait comme nous sommes. Et c'est ce qui fait que ce que nous devenons, comme civilisation, nous appartient. Et on a la faculté de réviser une situation indésirable et décider de la rectifier, se purifier, ou au moins, tout tenter pour se purifier. Tout tenter tout l'temps. Au niveau individuel et collectif! N'est-ce pas d'ailleurs un des fondements de la liberté?

On a des tonnes de témoignages de réhabilitation personnelle comme celle-ci:

«...Elle a eu marre de se voir assommée par l'alcool et est partie dans les bois, avec des amies pour se refaire une santé. Elle pensait que ça aurait pris six mois, quand ça a pris quatorze ans. Quatorze années de dur labeur et d'émerveillement pour se remettre, se reprogrammer à neuf. Retrouver la qualité du «blueprint». Et ça a marché.»

Au niveau social aussi, ça fonctionne très bien. Le transit est d'ailleurs assez impressionnant. Nous ne sommes pas sur terre pour être confinés à des rôles restrictifs, constrictifs, enfermants, ni contrôlants ou brimants.

J'en ai pour preuve cet exemple où, après avoir vécu les horreurs de la seconde guerre et les affres de la suite des choses, on aura notamment vu évoluer le peuple québécois aux prises avec une autorité dont il a vraisemblablement réussi à briser les chaînes. Autorité qui tenta durant quelques années troubles de l'enfermer dans l'austérité d'un serment d'obéissance au diktat de reproduction forcée. Commandements auxquels la majorité a répondu par la protestation et l'action positive vers l'autonomie. Dans tous les arts aussi, on a participé à établir cette nouvelle donne sociale, portée par des individus inspirés, avec des valeurs fortes, bien ancrées, et déterminés à l'affranchissement, à l'accession à la liberté. Chose dite, chose faite.

Ainsi, dans la rigueur inimaginable de son climat, le territoire-terroir reste marqué du sceau de la sagesse et de l'immense puissance de l'amour. Qui l'eût cru? Ce n'est effectivement que par la pureté des sentiments et des appartenances que les êtres, par-là, se sont permis de goûter la force du bonheur transcendantal de la liberté!

Et puis, il y a encore cette autre qui témoigne d'une atmosphère, aujourd'hui presque périmée, où même la très jeune femelle, gênée dans toutes ses ambitions scientifiques, devait obligatoirement revêtir un attirail pour le moins incongru:

«..Avant même l'âge de deux ans, j'ai enlevé avec fracas cette petite robe ridicule où j'avais le derrière complètement offert. Je détestais cette humiliation de me faire constamment regarder le postérieur et être la cible de railleries des tantes et des oncles. Et je ressentais avec beaucoup de sensibilité ce martyr érigé en système, où j'étais une des victimes, vivement ébranlée et hautement traumatisée par ce traitement que je jugeais pour le moins inhumain et complètement indécent.

Et en enlevant ma robe, cet élément stigmatisant, je me libérai instantanément d'une prison, un enfer, une torture, une dictature. Tout de même m'en suis-je sortie en fracassant, comme quelques un.e.s. de mes congénères, les barrières psychologiques du conformisme. Me suis-je échappée de ce carcan aussi, durant ma tendre enfance, par l'expérience de l'extase connue dans les sous-bois, là où rien ni personne ne peut vous avilir. Comme élevée par les loups, tout à coup. J'y parvenais avec la complicité sympathique de ma coriace petite amie, voisine et compagne d'expédition, de deux ans mon aînée. Nos escapades dans la petite forêt duraient parfois des demi-journées entières. La puissance de la nature m'inspirait les plus belles vertus.

Et par la suite, j'ai toujours continué à chercher le respect du sens de la justice, de la vérité et de l'humanisme. Vêtue d'un pantalon et de souliers solides, je pouvais parcourir les routes du monde; dans les quartiers d'autour de la maison d'abord, puis ensuite, sur les autres lointains continents.»

Ici encore, la vibrante réalité de ce récit monographique est tranchante, comme un couperet. Ainsi, ni de gauche ni de droite, la vérité se situe directement devant, coupante comme une lame qui s'abat, juste, au milieu de tout.

Écoutons encore cette autre bribe d'histoire d'enfant qui a tant grandi et n'exprime que son point de vue, tout légitime. Un point de vue qu'on croirait venu d'un être enseveli sous son expérience et qui veut partager de sa voix propre, sa conviction et sa trouvaille, avec tous ceux qui se laissent aimer.

«...Une illumination me fit tantôt voir que le monde se séparait en deux. D'une part, celles et ceux qui vont procréer et, d'autre part, celles et ceux qui vont expérimenter l'unicité de leur propre vie.»

Effectivement celles et ceux qui procréent ont une dynamique tout à fait singulière et nouvelle lorsqu'elles, ils s'exécutent dans une totale liberté, comme on peut observer en ce moment, dans nos contrées.

Par contre, ce qui empêche le plein exercice de la liberté, ce sont les pressions venant fausser l'égalité des alternatives. Intimidation et menaces par d'innombrables sarcasmes et jugements défavorables à l'association amicale de personnes de même sexe. Et ceci fait en sorte que cette possibilité est promptement éliminée des perspectives de choix de vie. Et ce regrettable dénouement est fatal, autant pour les individus ainsi affligés que pour la société entière!

Chapitre 24

La libido

On a aussi gracieusement recueilli ces propos:

«Oh! Je suis pleine de compassion pour les gens qui reçoivent un diagnostic de défaillance sexuelle, surtout lorsqu'ils acceptent la prescription de certains médicaments d'allure complètement anodine et qui ont pourtant des effets secondaires excessivement malheureux... Certaines descriptions de traitements de la médecine officielle pour la dysfonction érectile par exemple, mentionnent la possibilité de provoquer des rougeurs au visage, des maux de tête, etc.... On voit aussi d'autres suggestions de médicaments spécifiques, tels la pilule anticonceptionnelle, les antihistaminiques et les antidépresseurs pouvoir encore provoquer le cancer et notamment, assécher la muqueuse vaginale chez certaines femmes...

De telle sorte que tout d'un coup, vous qui souffriez d'une simple baisse de libido, pouvez-vous retrouver avec des rougeurs au visage, genre, et c'est sûr que, à mon avis, vous venez par le fait même d'anéantir le reste de désir qu'on a pu avoir pour vous, ou encore d'annihiler votre estime personnelle, défigurant du coup votre solde de passion charnelle!

Ou pire encore, vous vous retrouvez dans un telle galère, vivant l'angoisse d'un diagnostic de cancer provoqué possiblement par la prise d'anovulants ou de médicaments destinés à combattre les bouffées de chaleur, et êtes bientôt victimes de sautes d'humeur associées à la consommation de pilules à forte concentration ou d'autres substances psychotropiques synthétiques, pour les traitements de vos maux.

La médecine est peut-être elle-même malade. N'est-il pas complètement illogique de vouloir guérir une pseudo-dysfonction en aggravant le cas, tout en prétendant améliorer les choses? C'est comme ces trucs marketing qui hantent les messages publicitaires où on se sert des vertus contraires à un produit x pour vendre l'idée de l'utiliser. En effet, si «x» stresse alors on dit qu'il calme. Comme le café, style. Et on s'entend certainement sur le fait que le mensonge n'est pas une règle de vente, mais simplement une grossière escroquerie et une stratégie insignifiante qui pollue notre paysage et nous fait strictement perdre du temps et des ressources. »

La sexualité et la libido sont très subtiles et personnelles, et on assume généralement – au mieux avec bonheur – ces particularités du corps humain et l'expérimentation de leurs exigences avec une grande sensibilité.

On le sait bien, la libido a ses propres fluctuations, qui peuvent nous inspirer tantôt à se rapprocher ou à s'éloigner des autres. Parfois, lorsqu'elle atteint son «niveau plancher», la libido peut alors demeurer ainsi, et ce, durant plusieurs mois, voire plusieurs années. Auquel cas on a le choix, selon notre situation, d'investiguer pour mieux connaître les causes de cette baisse, qu'elles soient physiques, psychologiques, spirituelles, économiques, familiales, sociales, ou autres. Mais toujours, ce fléchissement libidinal n'est-il pas tout simplement tellement normal, selon les circonstances?

L'expérience montre effectivement que la qualité de la libido est fonction de l'état de santé corporelle, sentimentale, spirituelle, émotive, voire même la situation sociale, la santé des finances, l'avancement des projets et des joies de la bonne communication de l'individu, etc. … Du sentiment de réaliser ses rêves...

Réussir à accomplir ne serait-ce qu'une partie d'un rêve suffira souvent à installer une atmosphère propice à la sensualité.

Tout au long de notre vie, on a certes le devoir de choisir les solutions qui nous mènent à la joie. Le but n'est-il pas la jouissance de la vie? N'a-t-on qu'à suivre ce que dicte la voix intérieure, pour en sentir la noblesse! Et ce but amène vers la réalisation de soi-même, sans bousculer le temps, avec performance, intelligence et solitude.

Nulle obligation d'exacerber artificiellement – par des moyens comportant des risques d'effets secondaires indésirables, exemple –, cette force qui vient de l'intérieur entraînée par la joie d'aimer et d'être aimée. Elle émane avec éclat tantôt de la super forme, de la nutrition soignée, des exercices accomplis en étirements face à la lune ou au soleil, à son rythme, selon ses danses à soi, ses mouvements. Aussi, la simple liberté de mouvement peut produire une augmentation du capital libidinal.

Et, dans un contexte de conscience de sa propre vitalité, la connaissance de la sublimation devient alors certes un must. En effet, la sublimation est une géniale pratique de gestion de la libido qui génère beaucoup de bienfaits, dont nous parlerons d'ailleurs plus amplement dans notre prochain tome, *Amour Écologique: La Pratique.*

S'appliquer au travail, sentir ses qualités, ses forces, puis reconnaître ses compétences, ses accomplissements; tout ça devient crucial dans l'expérience de sa propre sensualité.

Faire un canal dans la boue, pour que l'eau s'écoule, tasser des feuilles ou des roches de sorte que se creuse un bassin, même minuscule, visser des planches, balayer un sous-sol excessivement encombré, etc... Tout nous amène à éprouver des sensations charnelles qu'il nous faut accueillir avec grâce; lesquelles nous aident, à leur tour, à gérer nos projets et actions.

Étudier un contrat, rédiger des clauses, vérifier des informations sur un bien immobilier. Marcher une terre, la photographier d'un hélicoptère. Travailler fort. Payer pour un outil quelconque, une machine, une imprimante, une voiture. Peinturer, filmer, écrire, dessiner, chanter. Tout est prétexte à l'enthousiasme, et donc, à bien faire ce que nous avons à faire.

La beauté est-elle un mélange d'attitude, de sentiment et de santé... On peut même considérer comme un impératif, le fait de faire en sorte que notre corps soit constamment beau. Que les couleurs du soleil s'y reflètent. Prendre le temps de marcher ou s'étendre en tenue plus légère, voire nu.e, pour donner à sa peau la texture désirée...

Notons que le droit au naturisme est totalement accepté en démocratie et essentiel pour plusieurs personnes. Cependant, certaines théocraties le condamnant vivement; il constitue actuellement un sujet d'opposition sérieux entre les peuples.

Dans les pays où le peuple est souverain, c'est sans contredit un contrat pour tout individu que de s'assurer de tout mettre en oeuvre afin d'atteindre les plus hauts degrés de bonheur, notamment par la connaissance et l'application des lois intrinsèques de l'existence. Tirer le maximum de cette vie d'aujourd'hui, quoi!

Et attention, il y a une embûche, mais, de taille... On voudrait bien, oui, expérimenter la vie sous toutes ses facettes, mais en réalité, aujourd'hui, il se produit autre chose, tant la misère humaine a pris des proportions qu'on ne peut plus ignorer.

Plusieurs d'entre nous se sentent littéralement en otage ici-bas. Oui. En otage parce que bien que valeureux et talentueux, et malgré un travail acharné et consciencieux, nombre de gens n'arrivent pas à atteindre la dignité; vivant dans des conditions d'insuffisance postées, malencontreusement, sous le seuil de pauvreté.

Privation au niveau de la nourriture, du logement, de l'habillement, de la salubrité. Trop d'entre nous sont issus d'un milieu où ils ont été souvent négligés dans l'enfance. Alors – puisque personne ne se complaît dans la misère humaine, ni ne se plaît à la vue de la détresse des autres, qui n'a de cesse de croître –, on cherche nécessairement la cause de ce phénomène déplorable qui excède déjà désespérément son paroxysme.

Chapitre 25

Les ressources

On peut effectivement se sentir en captivité parfois, par le simple fait que notre propre naissance soit le fruit d'une supercherie monumentale.

Durant quelques dizaines d'années, au milieu du siècle dernier, bien des populations – et notamment de façon exceptionnelle au Québec –, se sont reproduites de façon effrénée, visiblement obéissant à des commandements contraignants, complètement asservis et sous le joug d'une dictature subtile, sous-jacente ou plus apparente. Soit.

Et peut-être cette natalité élevée était-elle en concordance avec d'autres nécessités plus évanescentes. On peut toujours se donner le bénéfice du doute. C'est fait. Nous sommes en vie. Mais en ce qui concerne l'avenir de l'humanité, il est clair que nous possédons toutes les chances de moduler sa concrétisation, de la meilleure façon possible, et de suivre ainsi une voie d'émancipation.

La courbe démographique est en croissance exponentielle et absolument drastiquement depuis plus de deux centaines d'années déjà. Dans les millions d'années d'avant, il pouvait même y avoir des périodes de recul et de stagnation de la population. Et pas toujours pour cause de famine ou autre calamité, tels les meurtres de guerre, comme tant se plaisent à le dire, mais simplement le fruit d'un respect généralisé de l'intégrité individuelle menant à une répartition plus harmonieuse, plus claire, plus réelle et en concordance avec les lois naturelles de la reproduction libre où la copulation ne revêt nullement le statut d'obsession. Ceci pouvait certes engendrer une meilleure répartition des richesses, plus organique d'abord et aussi plus juste, en détenant nous-mêmes l'entier pouvoir de choix de reproduction et, le cas échéant, de la valeur plus ou moins imposante des legs à notre progéniture.

Personne de nous n'a le vil instinct ni le sordide désir de mettre au monde un enfant dans la misère. Toute décision personnelle et éclairée de notre part est essentiellement empreinte d'une conscience protectrice et emplie d'une intelligence garante des meilleures conditions de survivance. Les gens les plus intensément astreints à la reproduction forcée ont témoigné être obligés à cette obéissance, sous la menace de la torture. Et, évidemment, lors de nos enquêtes, jusque dans les pays d'Asie, d'Afrique, des témoignages recueillis mentionnent le fait d'avoir été contraints de copuler, même contre sa propre volonté, par proférations de menaces de mort de la part de certains groupes. Certains avouent être littéralement dépossédés de leur propre liberté d'agir, leur existence étant exclusivement dédiée à des tortionnaires ayant subtilisé leur liberté même de choisir.

Récit vibrant aussi d'une québécoise, parmi tant d'autres, qui aurait eu neuf grossesses, se pliant alors scrupuleusement à la dictature en place, entre 1943 et 1964, secouée par la terreur de la menace d'être brûlée vive au bûcher pour avoir empêché la famille! Et suffisait-il d'une seule nuit d'insubordination pour mériter l'affreux supplice.

«Pour sûr, une seule nuit, avoir laissé mon mari éjaculer sur ma basse cuisse sans le forcer à revenir à la charge jusqu'à mon antre, m'aurait valu l'excommunication et le feu de l'enfer à perpétuité.»

C'est effroyable de penser que l'éjaculation libre fût à ce point prohibée ici, au Québec! Ça montre l'ampleur de la folie d'alors!

Voilà pourtant la salade qu'on servait aux citoyens, à coeur de jour, à travers un rigoureux enseignement dans diverses institutions de la province, avec en prime le culte de la pauvreté.

Voilà le discours qui sévissait aussi dans toutes les parcelles d'air autour d'eux, ces gens qui appartenaient notamment à une église et un état momentanément tout-puissants. Puis, vers le milieu des années soixante, on a assisté au déclin radical de cette hégémonie, qui durait depuis presque 20 ans, depuis la seconde guerre, quoi, où tant d'horreur provoqua dans la population générale l'émergence de la peur de se soustraire à tout commandement venant de ses conquérants belliqueux: peur des représailles, peur des châtiments réservés aux insubordonnés.

Et, ceux qu'on nomme sciemment les «babyboomers» sont justement les enfants fruits de cette terreur organisée.

Oui, on en a parlé beaucoup de ce temps du babyboom...! Mais, en sommes-nous sortis totalement indemnes à date? Peut-être. En tout cas, chose sûre, la population a réfléchi et puis contesté le pouvoir en place, surgissant d'à travers le béton, comme des fleurs dans le macadam! La révolution tranquille s'est opérée et fut établi un nouveau système de pensée axé vers des valeurs plus humanistes.

Et durant cette imposante réforme, on a notamment procédé à une révision complète de l'éducation, où manuels scolaires et autres documents pédagogiques ont été débarrassés de leurs propos sexistes. Dans le contexte où nous sommes présentement, où la qualité de l'enseignement est déterminante, et où les valeurs à transmettre correspondent à une certaine utopie démocratique, il est imminent d'exécuter ce même travail afin de purger de leurs contenus sexistes, les manuels et autres documents audio visuels, etc., venant d'autres pays, dont des théocraties, afin que tout matériel didactique utilisé corresponde mieux à l'éducation de nouveaux arrivants en zones libres.

Bien que d'énormes progrès furent enregistrés après la révolution tranquille, en examinant en détail les comportements intimes des gens d'aujourd'hui, on s'aperçoit avec stupeur de la persistance de vestiges intemporels de cette époque révolue.

Aussi, par souci de raffinement, avons-nous le devoir de corriger ces écarts à notre volonté de vivre mieux, plus prospères, plus écologiques, plus en santé et partant, plus heureux. Écarts dont les contours sont parfaitement calqués sur les comportements anciens de nos prédécesseurs, en ce sens qu'ils nous avilissent encore, au point où il y a risque de perte de contrôle de notre propre sensualité. Difficile à admettre me direz-vous? Nous qui sommes maintenant convaincus de détenir les rennes de notre existence!

À ce chapitre, il est en effet plus qu'urgent de questionner la présence au Canada d'un impertinent fondement de la Loi constitutionnelle de 1982, la Charte Canadienne des droits et libertés, où est affirmé solennellement en première ligne qu'en plus de proclamer la primauté du droit, le Canada est fondé sur des principes dont «la suprématie de Dieu». Or, il est totalement contradictoire que de convenir de la suprématie de Dieu dans une démocratie – dont la définition même commande la souveraineté du peuple –, puisque c'est justement ce qui distingue la démocratie de la théocratie.

Dans une théocratie, le titulaire de la souveraineté est la divinité – où dans les faits, le système théocratique est gouverné par des religieux –. En bref, le terme **démocratie,** issu du grec, désigne «souveraineté du peuple» et le terme **théocratie,** issu aussi du grec, désigne «souveraineté de Dieu».

Donc, pour corriger cette faute – à conséquences potentiellement désastreuses –, il ne s'agit que de retirer sur le champ la mention «suprématie de Dieu» du texte de la Charte Canadienne des droits et libertés.

C'est important parce que c'est justement ce concept du «religieux» qui fait entrave lorsqu'on veut faire adopter des lois qui tiennent compte du respect des droits de la personne.

Notamment, à l'ONU, des représentants de pays théocratiques signent leur accord à des ententes mondiales en ajoutant toujours cette petite mention «sauf pour nos convictions religieuses». Et par cette exclusion, ils revendiquent la légitimité de violences immondes, dont des actes de terreur pour marquer leur opposition au célibat, à l'homosensualité, mais opposition aussi à la chasteté, à la féminitude et la masculinitude elles-mêmes. Or une telle opposition face aux vertus des citoyens de la planète est totalement irrespectueuse des principes fondateurs de l'ONU, établis expressément afin de développer des relations amicales entre les nations, de promouvoir le progrès social, d'instaurer de meilleures conditions de vie et d'accroître le respect des droits de l'homme.

L'Organisation des Nations unies (ONU) *est une organisation internationale regroupant, à quelques exceptions près, tous les États de la planète. Distincte des États qui la composent, l'organisation a pour finalité la paix internationale. Ses objectifs sont de faciliter la coopération dans le droit international, la sécurité internationale, le développement économique, le progrès social, les droits de l'homme et la réalisation à terme de la paix mondiale. L'ONU est fondée en 1945 après la Seconde Guerre mondiale pour remplacer la Société des Nations, afin d'arrêter les guerres entre pays et de fournir une plate-forme de dialogue. Elle contient plusieurs organismes annexes pour mener à bien ses missions. (Cf. « Histoire des Nations Unies » [archive], sur le site officiel des Nations unies* (consulté le 14 février 2014).

Et devant cette entourloupe de l'esprit il faut vivement réagir, puisque la course au peuplement est en train de créer un déséquilibre énorme entre la représentation démographique des pays démocratiques et ceux des pays théocratiques où l'enseignement est totalement axé vers la reproduction forcée, et tous ses corollaires.

Beaucoup d'êtres sensibles aux vibrations universelles entendent un appel de paix et de liberté, de foi en l'intelligence humaine et cosmique, et en le sens des responsabilités.

Et tous les efforts de consommation saine, consommation responsable où les producteurs et les chaînes de production et de distribution, etc., apprécient la terre et ses ressources naturelles pour leur divine énergie, portent leurs fruits.

Et à travers cette brillante synergie passionnelle entre l'être humain et son environnement, les plantes, la terre, l'eau, le feu, le magnétisme, et l'infinitude de l'univers avec toutes les galaxies connues et inconnues, une force incommensurable se dégage des bénéfiques liens entre les éléments. Des liens bénéfiques entre les êtres, aussi, évidemment. Et alors l'équilibre entre toutes les ressources s'harmonise dans le calme, et on peut certes dire, dans une atmosphère d'amour. Or, pour cela, la valorisation de chaque être est importante.

Voilà ce qui ressort clairement des sondages d'opinion que nous avons effectués auprès de gens de tout acabit.

Et dans le cas où le Canada devait maintenir le principe de la «suprématie de Dieu» dans ses actes – malgré que l'ONU, elle, ne l'intègre pas, on comprend pourquoi –, s'il le faut jamais, je suis personnellement en train de me préparer à répondre publiquement de ce que Dieu veut justement.

Cinquième partie : *ENGAGEMENT*

Chapitre 26

La sodomie

La force des convictions encourageant la liberté saura certes réussir à faire valoir le respect de l'intégrité de la personne, en réponse à l'appel effectivement lancé à tous les leaders religieux pour qu'ils jouent un rôle majeur dans la promotion du dialogue interreligieux et interculturel pour la paix.

Or, devant la grande dissidence à laquelle on assiste, dans plusieurs cultures – religieuses ou non –, face à l'homosexualité, j'ai dû porter une attention très particulière aux causes possibles d'une certaine propension à l'homophobie. Et il m'a semblé que la logique demeure toujours la même, dans le contexte où on constate que le but ultime des sociétés totalitaristes est de créer de la main-d'oeuvre bon marché et d'accroître le nombre de consommateurs de produits divers, dont les voitures, les pilules, et j'en passe, et où donc la reproduction forcée est de mise.

Et pour arriver à ces fins, les étapes suivantes sont observées: polarisation des genres – déni de l'existence des intersexes –, avec dichotomie des habillements selon le genre, pour forcer l'identification et imposer l'obligation d'association selon le type «f/m», et assujettissement à une sexualité strictement reproductive, dont la pénétration est l'acte central.

Ce modus operandi étant intégré dans l'éducation, il teinte ainsi les gestes intimes de tou.te.s, de telle sorte qu'on pourrait aussi retrouver cette manière de faire chez les gens qui ont des relations homosexuelles. Le diktat est si profondément ancré dans les moeurs qu'il suggère invariablement des relations intimes comportant nécessairement une pénétration – puisqu'elle fait figure de norme –, et ce parfois même dans n'importe lequel des orifices disponibles.

Voilà la seule raison plausible pour laquelle peut exister la sodomie, pratiquée on ne sait par qui, malgré sa malpropreté intrinsèque, et ce, avec une telle apparente insouciance, faisant fi de toute connaissance de base de la biologie humaine!

Et c'est certes la faute majeure qu'on tente de reprocher aux relations homosexuelles. Cependant, nos enquêtes nous ont montré que les amoureux de même sexe n'ont souvent pas cette façon d'opérer. Ils sont plutôt en opposition au modèle de pénétration et choisissent justement de se dissocier de ce genre de comportement. Ils confient aussi que dans la plupart des situations de sodomie qu'ils ont connues, concernent plutôt des gens ayant habituellement des relations hétérosexuelles et qui proposent l'enculade – reçue alors comme un crédo, ma foi, pas très populaire: les conséquences réelles des jeux anaux étant de mieux en mieux documentées –.

Ainsi, pour quiconque valorise en priorité la santé, il n'y a aucun doute que la pratique de la sodomie est le fruit d'une effroyable supercherie.

Mais il est vrai qu'on a observé parfois l'existence de régiments de personnes, sans doute bien intentionnées, répétant ce genre de gestes.

Prenons l'exemple de situations où des hommes entre eux se rapprochent: pourquoi y a-t-il un mythe selon lequel les hommes procéderaient nécessairement à la sodomie? Serait-ce que certains auraient été tellement endoctrinés pour entrer leur membre dans un orifice, qu'ils en auraient trouvé un sur leur propre corps...... Et non le moindre: et j'ai nommé l'anal!

Le cinéaste Pedro Almodovar présente d'ailleurs la chose – la pénétration anale notamment – comme toute naturelle, dans le long métrage «*La peau que j'habite*».

C'est même à se demander s'il ne nous informe pas justement, dans ce film, d'un ennui de devoir pénétrer son partenaire par derrière, sans lui voir le visage, loin de son regard, et sans pouvoir frôler sa bouche ni son front. Il semble y trahir l'impatience devant l'impuissance! Et aura-t-il au moins effleuré avec beaucoup de transparence la question primordiale de la qualité des orifices et de la sempiternelle pénétration. Pour ça, oui, il était dans le sujet; il aura visé dans le mille! Livrant avec beaucoup de candeur l'essence d'une pratique encore en quelque sorte soumise au diktat, en ce qu'elle est le reflet de la fascination pour les orifices.

Les règles d'hygiène élémentaire qu'on applique toute notre enfance prennent malheureusement le bord quand la littérature ou la filmographie actuelles montrent la sodomie quasi comme une simple «pratique» parmi d'autres, tandis que dans l'optique de la santé naturelle, elle nous apparaisse plutôt comme une action à éviter à tout prix, puisque hautement malsaine, et issue d'une ignorance, franchement, inacceptable, point à la ligne.

Question de logique dans cette recherche de sanité, il est essentiel, a priori, de comparer deux des orifices du corps humain disponibles et d'en évaluer sommairement la qualité.

D'abord, on inclura dans la compétition l'orifice formé par le pouce et l'index du poing fermé, orifice sain par excellence, s'il en est, et encore, orifice sacré et malléable, offert dans la plus grande générosité et la plus tendre intelligence d'une main aimante, à qui y est intéressé.

Argument supplémentaire pour sa considération, cet orifice est présent chez les sujets de tout acabit, femme, homme et intersexe.

Béni soit cet orifice par lequel l'amour peut s'exprimer dans la plus grande paix de l'esprit. En effet, en fermant le poing, on forme cette fleur de main, à nulle pareille, qui s'étend et se referme aisément.

Deusio, non loin de ce poing amoureux, se trouve l'orifice anal... Et pour qui ne verrait la différence, il n'aurait qu'à sentir l'un et l'autre pour voir lequel des deux est le bon!

Or, on comprend bien qu'avec le temps, l'expérience et l'échange d'informations dans les quartiers gais, de plus en plus de personnes s'affichent maintenant comme étant adeptes d'une sensualité plutôt partagée dans la plus pure simplicité, sans obligation à s'adonner à de quelconques baisers muqueux ni à des manipulations génitales à haut risque. Donc, il va sans dire, en évitant tout jeu avec l'orifice anal.

Mouvement en plein essor, que l'*Amour Écologique* !!!

Bonheur parfait où l'autre n'est plus en otage et où les genres peuvent se rencontrer sans peur et sans reproche. C'est l'avènement de la vraie libération sexuelle, la réappropriation de nos corps.

Chapitre 27

Le stress

Bien différente est la pseudo-libération des années soixante et soixante-dix induite par l'avènement de la pilule miracle, celle qui, supposément, permettrait la pérennité des gestes de reproduction, mais sans ses conséquences normales de gestation, avec, par contre, ces tous légers inconvénients comme celui de n'être jamais sûr à 100% de son action anticonceptionnelle, et comme effet secondaire, de potentiellement créer le cancer! Wow! Tout ça dans le but de vivre des moments de tendresse sensuelle? Ah! Bon?

Je dirais que ces incertitudes n'auront réussi à produire plutôt que du stress physique, psychique, spirituel et émotionnel...

De toute évidence, avec l'avènement de la pilule anticonceptionnelle, on ne peut parler de libération mais, à contrario, d'un asservissement désastreux qui en aura d'ailleurs rebuté plus d'un.e.

Quand même assez énervant, nous en conviendrons, pour des jeunes personnes de dix-huit ans qui, croyant entrer élégamment dans le monde de l'amour, se voient détournées vers la grande porte du cabinet du médecin, pour obtenir sa divine prescription! Et, pendant ce temps, l'industrie de la pilule croît.

Mais, heureusement, plusieurs n'adhérèrent pas à cette façon de faire les choses. Et le mouvement de prise en charge de son propre corps et de sa santé s'est grandement développé, notamment avec la mise en marché d'innombrables produits naturels faits avec les plus nobles intentions, dans plusieurs pays du monde, et qui sont garants d'une santé globale optimale.

On comprend assez facilement, dans ce manège de l'anti-conceptionnalité, qu'à grande échelle, certaines entreprises nationales ou multinationales retirent un bénéfice tangible à l'accroissement démographique, et qu'ils puissent, par moment, faire des pressions en ce sens. Mais quel est l'intérêt des gens eux-mêmes à obéir à cette proposition?

Que des fabricants d'automobiles voient leur profit augmenter en fonction de la multiplication de la demande, elle-même altérée par l'accroissement du nombre de consommateurs, est une chose, mais que nous soyons rendus au point où nous ne contrôlons plus notre reproduction et que les seuls bénéficiaires de notre augmentation soient des entreprises de haut niveau où la richesse s'accumule, tandis que la population qui se reproduit de la sorte parvient, elle, de moins en moins à subvenir à ses besoins, est une toute autre affaire.

Sociologiquement parlant, on déterminera certes que l'enrichissement des un.e.s au détriment des autres se sera effectué, possiblement, par la faute de chacun.e...

L'abondance de la main-d'oeuvre – désoeuvrée par l'inanité de son pauvre héritage familial et donc, disponible pour des tâches peu rémunérées – fait bien l'affaire des un.e.s et le malheur des autres.

Les documentaires regorgent d'images montrant ces milliers de gens affectés aux machines, comme des fourmis, et se plaignant de conditions de travail inhumaines.

Sans parler des personnes qui sont tout bonnement exclues du marché du travail. Combien de gens dans le monde peuvent se vanter d'avoir des conditions de vie agréables? Ce serait intéressant de les recenser et connaître leur proportion, n'est-ce pas?

Comment se déroule le quotidien dans nombre de lieux urbains, où les modes n'échappent guère au diktat?

Lors de rassemblements de jeunes, par exemple, dans les partys les plus communs, où les rôles sexistes y sont exécutés quasi à la lettre. Là encore, la dichotomie femelle-mâle est souvent inhabile à soutenir la réalité, la vérité... Elle porte souvent à devoir se mentir à soi-même et mentir aux autres, ... mentir aux personnes aimées.

Ce qui a pour désagrément, à certains égards, de provoquer des situations pénibles où il est bien clair que les un.e.s autant que les autres souffrent de ces comportements qui les font sans cesse fabuler.

Il est important de parler de ces choses-là, pour éviter les atroces souffrances qui peuvent survenir dans un tel environnement décalé par le mercantilisme.

Et on peut certes affirmer que ce débat a véritablement lieu, de nos jours, au Québec peut-être plus qu'ailleurs, justement parce que nous nous permettons d'explorer et de vivre la liberté d'association et de reproduction, en limitant les dérives sexistes qui enferment les êtres dans des rôles les enfonçant lentement dans le gouffre de l'impuissance.

Le corps humain est bien fait. Il peut exister dans la joie et la paix. L'amour ne requiert certainement pas l'intervention absolue de la pharmacopée. Et si notre corps comporte un endroit infectieux, prenons ce fait en considération. Est-ce trop demander d'intelligence à ces ultimes sexologues et psychologues qui prôneraient encore, sans vergogne, la pratique de la sodomie, la fellation ou encore, de l'anulingus? Car les êtres sensibles à cette problématique – malgré qu'ils aient été souvent injustement condamnés pour leur pudeur par ces mêmes sexologues et psychologues –, continuent de croire aux vertus de comportements sains et réfléchis.

Quel est cet univers dans lequel les enfants sont mis au monde aujourd'hui?
"A la vitesse où vont les choses, d'ici 2025, un enfant sur deux sera autiste aux États-Unis". En s'exprimant ainsi lors de la présentation d'une étude sur l'utilisation croissante *d'un désherbant dont l'ingrédient actif est le glyphosate) et l'augmentation du taux d'autisme, Stéphanie Seneff de l'Institut de Technologie du Massachusetts (MIT) a fait se dresser plus d'un cheveu sur la tête de son public. " Article de Catherine Cordonnier, 26 déc. 2014 http://www.topsante.com/medecine/medecine-divers/environnement-et-sante/un-enfant-americain-sur-2-pourrait-souffrir-d-autisme-d-ici-10-ans-74855*
Et si la reproduction humaine est effectivement biaisée par de solides intérêts, il est aisé de croire que certains industriels véreux frelatent aussi les produits destinés à la consommation. Dans un univers où plus de la moitié des gens sont totalement démunis, souffrent de misère humaine et témoignent de l'impossibilité de développement dont ils sont les malheureuses victimes.

Je citerai ici les propos de notre collègue géologue et écologiste François Gay:

«L'augmentation de la population locale et mondiale ainsi que sa consommation sur tous les plans ont créé un déséquilibre si important que la nature n'a pas suffisamment de temps pour se regénérer, compenser pour les pertes des ressources et rétablir la situation.» (Cf. Article *Protégeons notre environnement: c'est urgent!* Journal de Bromont *Ici Maintenant*, déc. 2014/janv. 2015, Vol. 20. Num.6)

On le sait, cette scandaleuse surabondance de main-d'oeuvre bon marché ne sert que le capital des un.e.s. On voit même aujourd'hui les ingénieurs, les médecins et les avocats devenir parfois bêtement des ouvriers dans leurs secteurs d'activités respectifs, employés par des firmes expérimentées qui se délectent de l'embauche de nouveaux prospects fraîchement émoulus des universités de ce monde.

Puisque nous avons tous à choisir, vous, plaiderez-vous pour l'amour ou pour la surnumérarité? La qualité ou la quantité?

Et pour la question de l'heure, serez-vous pour les gaies, les gais, la gaieté? Voilà une grande question. La France et la Russie sont nos amies. Mais elles font face à une abominable calamité: l'endoctrinement de leur population à refuser la gentillesse entre gens de même sexe. Aux dernières informations, règnerait en Russie un régime de terreur où vous ne pouvez vous soustraire à cette cruelle prépondérance où, si vous êtes en compagnie d'une personne de même sexe et avez l'air d'avoir des rapprochements, les sanctions se pointent.

«Dès...que l'on déclare ouvertement son homosexualité, les problèmes commencent. Dès que l'on sort dans l'espace public, on est menacé.»

http://www.lexpress.fr/actualite/monde/europe/russie-des-que-l-on-declare-ouvertement-son-homosexualite-on-est-menace_1321032.html#sFtoCo6W5UbJEyD5.99

Un grand nombre d'entre nous n'est pas à l'aise avec la copulation et il est très intéressant, sociologiquement parlant, de tenter d'évaluer le pourcentage réel de gens qui réclament désespérément le droit à la solitude autant qu'à l'alliance libre et au respect de leur corps.

Prenons simplement l'exemple de deux jeunes personnes qui vivent une amitié: c'est une joie immense. Et la tendresse qui s'en dégage est pure merveille. Une grande complicité peut survenir. On comprend très bien que l'un.e ou l'autre puisse avoir parfois, tout à fait normalement et naturellement, des montées de libido même sans contact, et parfois, en même temps, pourquoi pas? Le bonheur étant tellement présent, disons, prévisible que la libido s'en ressent. Elle peut même monter et demeurer haute un temps... n'est-ce pas? Je n'invente rien.

Ensuite, quelles sont véritablement les implications de leur relation, les conséquences de leur rencontre? À part le bonheur qui s'en dégage, il n'apparaît aucun effet secondaire désagréable visible, ici. Y a-t-il des effets sur la santé de ces deux personnes? De toute évidence, cela dépend des gestes supplémentaires qu'elles posent ou non ; de leurs pratiques sexuelles, s'il en est. Selon que ces deux sujets se conforment ou non au modèle répandu d'une génitalité brute et débridée, il se peut, oui, que dans les faits leurs pratiques soient risquées. Plusieurs activités sexuelles encouragées entre personnes de tout acabit comportent des jeux érotiques impliquant les orifices rectal, puis vaginal, oral, etc., etc. Cependant, qu'elles soient de même genre ne laisse en rien croire qu'elles seront plus à risque que des partenaires de sexe différent, bien au contraire.

Par contre, il se peut aussi que leur relation soit plus subtile, aérienne et sensuelle, sans verser dans aucune génitalité ni bestialité; qu'elle n'implique qu'une volupté toute empreinte de douceur, sans aucun échange douloureux ou malencontreux. Que tout se passe sur la surface extérieure du corps, avec beaucoup de tendresse et de compréhension. N'est-ce pas une alternative valable?... En tout cas, c'est un choix de gestes à faire avec tout son jugement et en pleine conscience.

Avoir entendu parler du concept d'*Amour Écologique* dans ma jeunesse, j'aurais eu plus de chance de comprendre, dès le début, le sens des plaisirs sains de la chair, et enfin, de mieux choisir afin de me comporter plus naturellement. Et surtout, par l'existence d'une école de pensée plus proche de ma façon de concevoir l'amour, j'aurais possédé la force requise alors pour défendre ce droit au respect de ma personne et de mes désirs.

Et c'est dans le but d'aider les jeunes personnes à faire des choix éclairés et donc, poser des gestes brillants que, dans cette optique, j'ai obéi à l'impératif de développer une approche qui me paraisse être plus adaptée à la situation mondiale de flou actuel sur ce sujet tonitruant.

À la lumière de ces considérations se présente donc le concept de l'*Amour Écologique,* qui gagne véritablement à être promu comme représentant une alternative heureuse et peut-être, espérons-le, une solution de remplacement au modèle courant de copulation obligée, à laquelle d'ailleurs de moins en moins de gens souscrivent dans le monde.

Chapitre 28

Le mythe

On peut voir aussi ce qui se passe du côté de la communauté gaie où des hommes ont la fausse réputation d'être plus bruts, s'adonnant supposément volontiers aux sodomies les plus farfelues.

Or, à la lumière des informations recueillies, on a constaté que ce sont majoritairement des hommes ayant habituellement des relations hétérosexuelles qui initient cette pénétration à haut risque avec d'autres hommes. Leur esprit devant être très certainement plus empreint de cette pseudo-obligation de pénétration qui les tenaille et les avilit.

Comme lors de certaines relations hétérosexuelles d'aujourd'hui où l'obsession de la pénétration peut dévorer à ce point les partenaires qu'ils s'évertuent à explorer les moindres recoins du corps – si petits soient-ils, quitte à les agrandir au besoin (voire fist-fucking et le reste) – où l'on puisse s'introduire.

Ici, il faut l'avouer encore, nous sommes totalement sceptiques par rapport au pourcentage de femmes, d'hommes et d'intersexes réputés apprécier ce genre de relations intimes.

Déjà, nombre d'hommes ont témoigné éloquemment de l'inconfort suscité par leurs sensations *douteuses* lors de la pénétration dans le canal vaginal. Et on ne compte plus les récits de femmes ayant ressenti un malaise similaire lors de ces rapports, supposément de routine...

Aussi, au cours de nos recherches, avons-nous glané des informations livrées par certaines sources spécialisées, visibles notamment sur Internet, soutenant que le tiers des gens pratiquant la fellation ne l'apprécieraient guère, quand d'autres parlent de 50%.

Peut-on alors en déduire que des gens sont contraints à des pratiques non désirées, quelque part? Qu'est-ce qui se passe? Je ne rêve pas. Ces gens accomplissent un geste qui ne leur plaît pas, quoi?

Chapitre 29

L'ombre et le silence

Et puis, d'un autre côté, il y a cette indubitable réalité où de nombreuses personnes tentent désespérément de trouver un.e amant.e qui accepte de vivre avec elles de la tendresse sensuelle, sans devoir se soumettre à tous ces exercices qui les rebutent. Et l'incidence de cette nouvelle vision de la sensualité est bel et bien en train de construire un ensemble de pratiques douces qui tienne compte de l'équilibre physique, émotionnel, spirituel et mental, et de la santé globale de l'être. Doux amour, nous sommes à l'orée de la reconnaissance de notre art! Art Amour, doux Amour, *Amour Écologique*.

Quels sont les gestes communément décrits et admis dans les articles de sexologie dans les magazines d'aujourd'hui? Évidemment, ce sont ceux de la reproduction avec la sempiternelle pénétration et tous les artifices prescrits pour la bonne marche de l'affaire, condoms, lubrifiants, tout ça ... cunilingus, anulingus, sodomie, et j'en passe. Et la même chose semble décrétée pour toute relation, malgré le fait que le diktat de la génitalité obligée soit ressenti comme une atteinte à son intégrité par toute personne qui n'a pas une grande envie de ces choses-là.

Pour les autres, tout baigne, bien sûr. Et là, on assiste à toutes les menaces possibles des un.e.s envers les autres pour que les récalcitrant.e.s – les douces, les doux, les tendres – se conforment aux envies des autres, fort.e.s de la conviction d'avoir raison et d'appartenir au bon camp !

Et c'est précisément cette confrontation inégalitaire qui motive mon raisonnement. Je suis devenue allergique à l'hégémonie des bien-pensants qui ne tarissent pas de raillerie envers les tendres, constamment refoulés dans l'anormalité, la marginalité. Dans tout ça, on comprend bien que ce sont véritablement les désirs des personnes plus douces qui sont bafoués. C'est à eux, machinalement, qu'on conseille de consulter le psy. Eux, les nouveaux marginaux, à qui il ne reste que l'ombre et le silence.

Ce livre représente donc la symbolique prise de parole d'une personne brimée parmi tant d'autres – dont on ne connaît pas le nombre, à ce jour –, pour dénoncer l'injuste harcèlement dont nous sommes les malheureuses victimes. Requête: qu'on octroie à chacun.e la liberté face aux désirs les plus profonds, les plus intimes!

Et notre nombre grandit de jour en jour. Nous qui privilégions la santé physiologique et la sensualité paisible et voluptueuse, sans artifice et sans médication, sans irritation et sans allergie, sans matière urique ni fécale mêlée à son sourire ou autre. Nous ne voulons convaincre, mais seulement gagner un statut qui nous sied, une crédibilité, pour le moins, essentiellement légitime! Cohabiter dans une mutuelle reconnaissance. Faire cesser la torture qui nous ramène toujours au bûcher auquel nous sommes sauvagement condamné.e.s, pour avoir espéré aimer dans la dignité et la salubrité. Cesser les pressions inutiles dans le but de nous asservir, d'annihiler nos pulsions les plus fébriles et amoureuses, et de nous réduire à néant, accablés et ravagés devant le spectre infini du mal vénérien ou des cancers de toutes sortes.

Aborder le concept d'*Amour Écologique*, c'est parler d'amour naturel, d'amour santé. Pourquoi l'amour serait-il vecteur de maladie? Où se positionne la biologie pour éclairer nos relations? La médecine serait-elle impuissante ou simplement bâillonnée, ou interdite face aux renseignements essentiels au maintien de la santé liée aux contacts sexuels de notre époque? Et que propose-t-elle sinon une panoplie de remèdes synthétiques, aux effets secondaires souvent pires que les primaires, pourtant destinés à réguler la dysfonction ainsi diagnostiquée?

Il faudrait bien faire sortir de leur nid les autruches ayant la tête complètement dans le sable, les oreilles ensevelies, elles aussi.

« Le scandale des pilules de 3ème et 4ème générations n'est que le premier épisode de ce qui pourrait être la plus grande déroute médicale du 21ème siècle. »
Réf.: «La pilule contraceptive - Dangers et alternatives», Editions Du Rocher, 2013. Professeur Henri Joyeux et Dominique Vialard

Malgré son habile dénonciation du scandale des pilules anticonceptionnelles, l'ouvrage des collègues Joyeux et Vialard persiste à véhiculer, bien naïvement, le concept d'une pénétration tenue pour obligatoire, ou du moins inévitable, et perpétue ainsi l'infamie dans ce dossier. Jamais, en effet, les auteurs ne remettent-ils en question la pertinence des gestes amoureux tels que prescrits dans nos sociétés modernes.

Toute aussi abominable, l'attitude des laboratoires de médecine et de biologie qui cherchent des solutions pour faire en sorte que les femmes et les hommes puissent continuer d'accomplir les gestes de reproduction sans toutefois qu'il y ait effectivement reproduction. Pas une mince affaire!! Le principe même de l'ensemencement s'en trouve, ma foi, totalement occulté.

Mais qui, dans la population, tient tant à faire les gestes de reproduction? Évidemment, il y a ceux dont le désir de se conformer est si puissant, qu'ils croient fermement que ce sont *les* gestes, et *les seuls* socialement admis comme étant normaux – et c'est bien là où le bat blesse –, et que le simple fait de refuser de faire ces gestes est suffisant pour être taxé d'anormal! Illogisme des plus tenaces. Du jamais vu! Ou plutôt, du «déjà vu». Déjà vu, déjà entendu, déjà vécu, «j'en veux pu»!

À un moment donné, ça devient absolument ridicule que d'être constamment confrontés de la sorte par nos pairs sur ce sujet épineux.

Tandis qu'il y a de plus en plus de gens qui se satisfont de relations simples et sensuelles, d'autres, entêtés et plus enclins à la génitalité suggérée, persistent à vouloir juger les premiers comme des gens inhibés, appuyant, par le fait même, le discours des dictatures qui imposent l'interdiction, par sanctions, de toute sensualité – considérée «non naturelle» – et ce, dans bien des pays du monde!

Oh!, comme les représentants de la pensée dominante de notre civilisation semblent nombreux et articulés ! Ils brandissent aussitôt le spectre de l'étiquette d'«enfantillage» sur toute aspiration qui se circonscrit dans les limites de l'hygiène, par exemple. Et là, corde sensible, on ne voudrait certainement pas être vu comme manquant d'audace ou de maturité pour avoir «refusé» de pratiquer une sexualité plus génitale, donc plus à risque. Or, devant une telle attaque, combien plient et se rangent du côté de l'écrasante majorité? «Pseudo-majorité»... – parce qu'il est légitime de remettre en question ce statut de majorité – : en effet, combien exactement s'y confondent par simple hantise de l'anormalité?

Le décompte est fondamental, vu l'urgence aussi de savoir plus précisément combien de gens considèrent comme essentielle une sensualité axée sur le respect de la santé des partenaires impliqués.

Il importe aussi d'entendre les commentaires de personnes qui peuvent témoigner avoir subi des pressions pour se conformer à un modèle. Ceci pourra enfin faire opposition à la fausse assertion suivant laquelle la sexualité serait une affaire strictement personnelle et que ces choix, tout à fait intimes, n'auraient foncièrement rien à voir avec quelques pressions d'aucune sorte.

Il est temps de faire le point sur cette affaire historique !

C'est le temps aussi de confronter les moeurs des un.e.s et des autres. Je reviens sur cet exemple où le président des États-Unis introduit un cigare dans l'antre de sa partenaire. Quel geste répréhensible, malgré son apparente innocence! Il fallait être complètement imprudent, en effet, pour faire un geste aussi potentiellement néfaste. Est-ce qu'on imagine le mal intérieur que cela peut produire ?... Le liquide saturé de tabac montant lentement jusqu'au canal utérin ; vous croyez que c'est le bon endroit pour du tabac? Quand on sait que le tabac peut contenir jusqu'à trois mille substances chimiques dont 28 produits cancérigènes!! Tout ça dans le temple sacré d'un corps de femme... C'est inimaginable, ma foi! Avec le temps, que se passe-t-il réellement à l'intérieur du corps d'une telle victime; inflammation, cancer, putréfaction ?....

C'est pire qu'un simple fait, humoristique ou coquin pour plusieurs, où le cigare n'est associé qu'à un objet phallique parmi d'autres. C'est un geste hautement délictueux et condamnable par la sévérité des maux qu'il est susceptible de provoquer. Et il aurait été souhaitable qu'on fît mention de ce fait troublant, dans la médiatisation de cet événement, et que le principe d'atteinte à l'intégrité et à la santé de la personne soit énoncé, et son geste, dans ce contexte, dénoncé.

Chapitre 30

Les maladies et la génitalité

Autre hécatombe: le virus du papillome humain. Selon les statistiques canadiennes, le VPH (virus du papillome humain) est le virus transmissible sexuellement, ou, dirons-nous, «d'origine» sexuelle – le concept de *transmission* sexuelle ne devant pas faire fi de la cause ou suggérer seulement qu'elle fut extérieure, mais aussi inclure le concept d'*origine* sexuelle considérant que les maladies sexuellement transmissibles peuvent être provoquées via le contact sexuel lors de l'accomplissement même d'un acte intime –, le plus répandu au Canada et dans le monde.

En effet, selon nos renseignements et appréciations, une infection de ce genre pourrait vraisemblablement se produire *in situ,* tout simplement, par exemple, lorsque du liquide de l'orifice rectal est transporté au vagin ou bien à l'urètre.

«Selon les estimations, jusqu'à 75% des gens actifs sexuellement sont susceptibles de contracter une infection à VPH dans la région anogénitale un jour ou l'autre.» Réf. Santé Canada, http://www.hc-sc.gc.ca/hl-vs/iyh-vsv/diseases-maladies/hpv-vph-fra.php.

«Quiconque a eu une relation sexuelle est vulnérable au VPH. Et donc on recommande des pratiques sexuelles sécuritaires.» (Santé Canada, Cf.: http://www.hc-sc.gc.ca/hl-vs/iyh-vsv/diseases-maladies/hpv-vph-fra.php.)

Ce virus, selon ces sources, pouvant aussi causer des cancers – tel celui du col de l'utérus, du vagin, de la vulve, du pénis et de l'anus, de la bouche, la gorge et des amygdales, etc. –, que recommande-t-on comme pratiques sécuritaires? Vaccination, dépistage de cancer, réduction du nombre de partenaires, port du condom...

Et là, je ne parle même pas des hépatite B, sida, syphilis, blennorragie, verrues génitales...

Disons ici simplement que dans le livre à paraître *Amour Écologique : La pratique,* nous détaillerons mieux le modus operandi permettant de s'approcher sans s'écorcher.

L'information sur le sujet de la génitalité est vaste, mais toujours on semble privilégier le concept de négligence et de banalisation par rapport à la gestion responsable de sa semence et des morphologies particulières liées au genre, par chacun des partenaires.

Certains sites officiels persistent surprenamment à suggérer le recours à des pratiques qui ne correspondent visiblement pas à de très hauts standards de qualité... Notamment lorsqu'on décourage allègrement vos requêtes de respect, en faisant cette mise en garde d'une possible expression de violence de la part d'un.e partenaire ...si vous essayez de convaincre votre partenaire d'avoir des relations sexuelles comportant un moindre risque. Oh! la la, ça joue dur par là. Et ceci provient de sources gouvernementales... Que se passe-t-il dans la population en ce moment? Prend-on pour normaux des comportements qui sont totalement inacceptables?

Dès mon jeune âge, je fus témoin privilégié du travail d'une infirmière qui avait mis sur pied un infrastructure pour intervenir en matière de dépistage des maladies sexuelles avec l'engagement volontaire, notamment, d'un médecin courageux afin d'identifier des patient.e.s atteint.e.s et solliciter leur collaboration pour divulguer le nom de leur.s partenaire.s, selon le cas. C'était dans les Cantons de l'Est, durant les années cinquante et soixante ; et je suis estomaquée de voir comment a évolué ce dossier jusqu'ici. Il semble que le discours «in» nous enseigne non seulement à tolérer des pratiques absolument risquées, mais, par surcroît, à ce qu'elles deviennent subtilement la norme. Oh! Allo, les enfants, ça va bien vous autres?

La franche volonté d'avoir des rapports sexuels sécuritaires fait-elle sauter la galerie?!! Serait-ce inscrit comme une facette de la marginalité d'aujourd'hui que de réclamer prosaïquement le respect de la santé de ses organes génitaux et autres?

Et je cite la source canadienne de renseignements sur le VIH et l'hépatite C :
«N'oubliez pas que vous pouvez essayer d'autres pratiques sexuelles plus sécuritaires aussi...» (Cf. : www.catie.ca/fr)
N'oubliez pas.... Parce que c'est justement ce qui semble s'être passé, on aura oublié que des pratiques sécuritaires existent, et que le sexe n'est pas en soi une activité horrible, pour autant qu'on sache faire!! À ce qu'on constate, on aura négligé aussi les bonnes manières dans la sexualité ! Par exemple, à dix-huit ans – et bientôt, oh ! Scandale! Certains songent à instituer la vaccination *obligatoire* contre le VPH, des jeunes filles dès l'âge de quatorze ans – en tant que jeune personne qui a de la classe et avec tout ce que je sais maintenant, je ne demanderais jamais à une autre personne de prendre des médicaments simplement pour pouvoir être en ma présence et vivre un rapprochement!

Décidément, les jeunes gens sont confrontés à des défis de taille et ont intérêt à être mis au courant des tenants et aboutissants d'une vie amoureuse épanouissante.

Dans le lucratif marché des anovulants, la consigne est telle qu'il vous faut prendre des décisions médicales selon l'état de votre santé, sans toutefois disposer nécessairement de références adéquates, tellement les circonstances et les informations relatives aux nombreuses substances synthétiques sont floues et leurs réelles répercussions, trop souvent peu prises en compte.

Et encore une fois ici, il appert, de façon assez évidente, que la binarité des genres peut présenter des modèles parfois totalement dénués de sens. Ainsi, la jeune fille pseudo-idéale – celle qui accepte d'endosser ce rôle auquel on la confine – pourrait se retrouver sérieusement ciblée et entièrement destinée à être la seule grande gestionnaire de la problématique de copulation, et seule aussi à diriger les opérations délicates concernant la reproduction et la contraception. Tandis que le garçon pseudo-idéal, lui – celui qui accepte d'endosser ce rôle auquel on le confine –, serait peut-être maintenu, et ce, dès la naissance, dans une profonde ignorance de sa réelle sensualité et de la gestion responsable de sa semence, provoquant en son for intérieur une déstabilisation et un désarroi immenses, qui ne manqueraient pas de le piéger, toute son existence durant.

Et tandis que la méthode contraceptive comme la pilule anticonceptionnelle pour femme est clairement identifiée comme ayant des effets nocifs sur la santé, la pilule pour homme, elle, est délaissée, justement pour cette raison ! Assez intrigant, n'est-ce pas ?

«Qu'en est-il de la pilule pour hommes? La recherche dans ce domaine continue toujours... Les hommes devront encore attendre avant que la pilule leur procure la protection désirée sans effets secondaires indésirables.*»*
http://sante.canoe.ca/channel_health_features_details.asp?
article_id=524&channel_id=29&health_feature_id=167&relation_id=143

Ou bien, il y a toujours possibilité encore de recourir à d'autres méthodes de stérilisation, dont la ligature des trompes, avec des effets indésirables ou des risques pour la santé.

«Les risques associés à la ligature des trompes sont généralement liés à l'anesthésie générale (troubles pulmonaires, cardiaques, etc.), à l'intervention elle-même (risque d'infection) ou à des complications telles que la perforation de l'utérus ou des lésions aux vaisseaux sanguins, ce qui arrive dans de rares cas. Lorsqu'il y a échec de l'intervention, le risque de grossesse ectopique est plus élevé.» (Cf. http://www.fqpn.qc.ca/? methodes=ligature-des-trompes)

Ou bien la vasectomie, avec cependant quelques risques de complications dus à l'opération : infections et saignement, moins de 1%, pression au niveau du testicule et les malaises reliés à une congestion de l'épididyme, dans moins de 5% des cas, un nodule cicatriciel douloureux sur le canal (granulome) (environ 1%) et une douleur chronique qui est très rare (environ 0,1%). *(Cf. http://www.vasectomie.net/la_vasectomie.htm)*

Chapitre 31

La perspective écologique

Aurai-je donc tenté, dans ce livre, de replacer les choses dans une perspective plus naturelle, logique et écologique, dans le respect de la santé de chacun.e. Présenter la sexualité d'abord comme étant l'amour sain, vivant et vivifiant, en respect des lois intrinsèques dictées par la connaissance du corps humain et de sa biologie.

Et tout ce texte, me direz-vous – s'il en est, je vous donnerai raison –, ne tourne qu'autour de ce sujet immense et hautement porteur de science et d'intelligence, ce sujet qu'on n'ose nommer, par respect pour le lecteur et la noble chasteté de sa pensée, ce sujet qu'il m'a fallu apprivoiser et duquel je me dois aujourd'hui de vous entretenir, ne serait-ce que par conscience professionnelle, oui, le propos de ce livre tourne autour de nos orifices, dont le principal vecteur de parasites, virus et germes de maladies dangereuses, voire contagieuses, celui-là même d'où des matières pathogènes au pouvoir invasif sont allègrement évacuées. Le responsable ciblé de tant de maux... L'orifice rectal qui – on comprend pourquoi –, devant l'importance de l'enjeu, occupe une place centrale dans l'élaboration de ma théorie de l'*Amour Écologique*. D'aucuns pourraient alors déclarer sans se tromper, que ... tout ici tourne autour de l'anus.

Effectivement, selon les énoncés de la biologie moderne, la matière fécale est un agent infectieux, propagateur de germes, déclaré dangereux et devant être porté à l'écart.

La contamination fécale dans les eaux de baignade conduit à un interdiction de baignade, et celle de la viande hachée dans un pays donné, au retrait systématique de milliers de tonnes de cette viande de la chaîne de distribution alimentaire. Ceci, suite à la simple détection de la présence de la bactérie E. Coli.

Or, si l'humble présence d'une certaine quantité de contaminant fécal dans l'eau de baignade fait craindre les autorités pour la santé publique, que dire de la dangerosité que cette même bactérie représente dans les pratiques sexuelles d'aujourd'hui?

«Les selles, leur élimination et leur surveillance constituent l'un des pivots de l'hygiène alimentaire mais aussi de l'hygiène générale.

En tant que déchet de l'organisme, elles peuvent être vecteurs de maladies (essentiellement le choléra).»
(Cf.: http://fr.wikipedia.org/wiki/Matière_fécale)

La connaissance des dangers associés à la matière fécale par la communauté scientifique, nous permet d'éviter de procéder à des attouchements mal accomplis de parties génitales, pouvant provoquer de sévères affections, voire le cancer et éventuellement la mort de l'un.e ou des deux partenaires sexuels impliqués dans de telles pratiques.

Le point le plus étonnant est certes le fait que certain.e.s proclament la légitimité des pratiques sexuelles anales... De même, la question la plus brûlante à toutes les lèvres est certainement de se demander comment il se fait que des hommes aient choisi d'explorer un endroit si infectieux, avec leur verge. Or, on nous aura tou.te.s conditionné.e.s à penser que la morphologie mâle conduit à croire devoir absolument introduire son membre viril dans un orifice. À croire même que ce serait naturel et que tout autre comportement serait non-naturel. Comme si l'air n'était pas assez grand pour contenir la verge, et...., certainement aussi, accueillir la semence!
Conditionné.e.s parfois à prétendre par surcroît que les femmes seraient aptes à recevoir les spermatozoïdes, un peu comme des entrepôts, tandis que la science médicale s'érige, de toute sa puissance, en sauveur de l'humanité tentant désespérément de fournir la solution miracle pour contrer la conception engendrée par ce dépôt de la semence dans ce que je nommerais, un haut lieu de fertilité!

Là où la simple connaissance et la volonté de deux personnes, aimantes et consentantes, pourraient triompher de tous ces maux, l'industrie pharmaceutique s'élance dans une cavalcade majestueuse, au secours des amant.e.s dérouté.e.s, qui, dans la foulée de leur amour fou, voudraient fatalement voir la semence déposée dans «le» terreau fécond. Et, malgré que tou.te.s se réclament de l'unicité de leurs relations amoureuses, peut-on dire combien tentent assidûment de se conformer, en se comportant de la manière prescrite, dans l'assurance d'être originales(naux) et hautement personnel.le.s? Et que ces mêmes personnes se provoqueront les un.e.s les autres des maladies graves, des infections multiples, irritations, chlamydia par dessus chlamydia, et cetera, et cetera.

Et puis, le fait de ne connaître pas mieux que la pénétration pour vivre son ardeur, nous fait imaginer le pire, avec cette tendance à faire *«Bof! peu importe la saleté, allez on y va!!!!»* Et là, la saleté, avec les bactéries, se retrouvent joyeusement tantôt dans l'antre ou dans l'urètre de cette jeune fille, de ce garçon, de cet intersexe et se propagent allègrement à l'intérieur de leur corps pur – qui, ma foi, ne le restera pas longtemps...–. Une fois à l'intérieur, les substances captives peuvent faire impunément leurs dégâts, et ce, pendant plusieurs heures, plusieurs jours et plusieurs semaines, voire plusieurs années, à partir d'une seule petite relation d'un vendredi soir, innocente en apparence, mais virulente en désespoir!!!

Ainsi, concernant le cancer de la prostate versus les relations sexuelles:

«Marie-Élise Parent et son équipe ne peuvent qu'émettre des hypothèses «hautement spéculatives» pour tenter d'expliquer cette association. «Elle pourrait relever d'une plus grande exposition à des ITS ou encore il se pourrait que la pénétration anale produise une lésion à la prostate», dit-elle prudemment.»

(Cf.: http://www.nouvelles.umontreal.ca/recherche/sciences-de-la-sante/20141028-avoir-eu-plusieurs-femmes-dans-sa-vie-reduirait-le-risque-de-cancer-de-la-prostate.html)

Pourtant, l'excitation sexuelle peut très bien être gérée de façon intelligente et sensible, et de manière à ne demeurer que plaisante, avant, pendant et après... (Voire *Amour Écologique: La Pratique.*)

Répéter sans cesse les gestes qui imitent ceux de la conception n'aurait pas été même pensable, n'eut été du sévère commandement qui oblige à une sexualité exclusivement axée sur la reproduction. Il faut comprendre l'ampleur de cette obligation qui, une fois intégrée dans l'enseignement et dans le comportement comme étant la seule façon correcte d'agir, devient partie intégrante de la pensée populaire et s'autorégule par le simple mais efficace contrôle des individus ainsi conditionnés. En effet, cela fait bien partie de la socialisation, d'apprendre certains concepts afin de se comporter «correctement» en société.

Et nous sommes en droit de nous questionner sur la valeur des enseignements et leur source, afin de connaître la provenance de ces forces qui exercent le contrôle, parfois, sur ce qui est bel et bien professé? Quels intérêts servent-ils?

Et la question fondamentale, en ces temps de changement vers une planète plus respectueuse de l'écologie, est certes de savoir quel est l'intérêt particulier de la population dans cette affaire.

Ce n'est pas une histoire de chance ou de hasard, tout ça, pourtant on essaie parfois de le croire, comme si une autre cause que nos propres comportements, mystérieuse et venue directement du cosmos, pouvait être responsable de nos maux, à notre place.

À ce chapitre, on a vu souvent la médecine statuer avec emphase et laisser tomber son pronostic sur la conscience comme un couperet sur la carcasse : « *Vous êtes atteints de ceci ou cela* », sans lier ce mal avec la cause, dont une possible contamination de l'intérieur du corps par l'introduction d'éléments fécaux, par exemple.

Et qui plus est, cette attitude rétrograde face à la pénétration à outrance est responsable de la surpopulation actuelle, débutée au XIXe siècle, et renforcée par la terreur des guerres, notamment lors des grandes guerres mondiales. Comme s'il y avait un intérêt humain quelque part – de toute évidence strictement mercantile –, à installer insidieusement sur le globe une culture de reproduction sans vergogne suivie de destructions massives, et à l'ériger en système.

Chapitre 32

L'Amour Pur et Simple

Ah! Oui, ça, l'amour pur et simple manque gravement de reconnaissance! On se trompe volontiers à son égard. On le confond ainsi faussement avec l'amour platonique, avec l'abstinence. On pense à tort qu'il n'accepte pas la jouissance, pas la sexualité.

Or, après avoir été littéralement poussé.e.s, avec une virulence surprenante, à se comporter tou.te.s de la même façon, affichant une candeur désarmante par rapport à la gestion des semences, et à en différer la responsabilité dans la cour de la médecine, et vlan dans le pataclan, il est plus que temps de se lever et parler!!!

Ah! mon amour doux et ces baisers au cou!

Des mots de ma chanson *"Je tiens dans mes mains un miracle !*
.... et rien ne va m'arrêter, et rien ne m'arrêtera", on retiendra certes que par les mains, lorsqu'elles sont douces, tendres et savantes, s'offre encore et toujours le meilleur amour du monde. Et que notre détermination est plus forte que tout pour persister à demeurer dans la pureté et cultiver inlassablement la santé!!

Le Québec est un lieu privilégié d'expérimentation, notamment, de la pureté et de la santé naturelle. Et s'il accueille en son territoire des personnes venues de partout dans le monde c'est aussi parce qu'elles ont à coeur d'entretenir des relations harmonieuses avec leur environnement, et donc, des relations pacifiques avec leur congénères.

Rien ne viendra atténuer la puissance de la franchise humaine là où règne un peuple souverain et où il n'y a plus d'obstacle à l'expression ni à la liberté d'action, dans le respect de la dignité de chacun.e.

Mais, qu'advient-il si on constate la présence, parmi la population, de groupes exerçant une activité contraire à ce principe fondamental? Si, effectivement, on remarque que des personnes, par exemple, forcent leurs congénères à procréer? Que la population est menacée de réclusion, de violence, voire de mort, si elle n'obtempère pas à ce commandement? N'est-il pas de notre devoir de citoyen de dénoncer ces abus? Certainement que oui. Surtout si cela se produit dans une société dite démocratique, où il est défendu à quiconque de porter atteinte à l'intégrité d'une autre personne, n'est-ce pas ?

Pourtant, avons-nous noté, à travers nos recherches et analyses, la présence de ce genre de pratiques contrevenant au respect de la liberté, dont notamment chez certains groupes d'individus qui effectuent des pressions coercitives sur leurs membres afin qu'ils donnent naissance, et ce, à des taux pouvant même avoisiner huit enfants par couple. Des informations circulent aussi à l'effet que certains groupes utilisent cette stratégie de reproduction forcée afin d'augmenter leur poids démographique, dans un but de conquête politique et avec le dessein avoué d'établir leur dictature. Et évidemment, les pressions exercées sur les leurs ont des répercussions sur l'ensemble de la population du pays, voire de la terre entière.

Il est certain que le fait de voir un groupe vivre sous un régime politique distinct, à l'intérieur même d'un régime politique démocratique, et se soumettre à son propre code civil et son code criminel *sui generis,* est très inquiétant. Un pays ne peut avoir 2 codes civils.

Le Code civil du Québec, en harmonie avec la Charte des droits et libertés de la personne, et les principes généraux du droit, régit les personnes, les rapports entre les personnes, ainsi que les biens. Il traite des principales règles en matière de droit des personnes, de la famille, des successions, de la propriété et de la responsabilité civile, des obligations, des priorités et des hypothèques, de la preuve et de la prescription, etc.

Entretenir des intérêts malveillants envers la société d'accueil et se multiplier afin de conquérir l'espace suscite même l'indignation des esprits les plus éclairés. Et cet état de fait appelle l'adoption impérieuse de mesures concrètes visant à contrer une telle politique d'envahissement, d'ailleurs clairement et publiquement proclamée par leurs auteurs s'érigeant en une véritable entreprise d'oppression et de conquérance. Il est en effet totalement non éthique – et urgent de le dénoncer, dans l'état actuel du monde, où surpopulation et misère humaine sont légion –, que de fomenter une course au peuplement – à qui fera plus d'enfants – dans le but avoué de conquérir l'espace.

Il s'avère donc essentiel de faire obstacle à ce genre de culture contrôlée par le totalitarisme et de s'opposer incessamment à toute pression coercitive exercée notamment par des enseignements écrits, audiovisuels ou autres, qui comportent de l'incitation à la violence envers les contrevenants au régime, dont celles et ceux qui refusent de se conformer à un sexisme rigoureusement avilissant.

C'est la nouvelle guerre, la guerre par le peuplement. Stratégie infernale qui sert tous les intérêts, sauf bien sûr ceux des personnes ainsi procréées qui en sont, en quelque sorte, les victimes contraintes d'obéir au diktat et d'offrir leur force de travail à la dictature... Et voilà…

Quelle aberration aussi le fait que, dans de tels régimes totalitaires – et il faut bien le dire, c'était exactement pareil au Québec, notamment, dans ma propre enfance – ces pions ne soient vraisemblablement pas en droit de développer une quelconque amitié avec une personne de même sexe, dès qu'il y a suspicion de l'existence d'une sensation sensuelle!

Mais qui donc, dans les pays sous domination dictatoriale, se mêle de vouloir punir ses compatriotes sous prétexte qu'elles ou ils aient ressenti un bonheur au contact de la peau, par exemple? Qui fixe la limite du ressenti? Comment l'amitié se distingue-t-elle de l'amitié sensuelle?

Et si vous ressentez une minute de bonheur et que par là, votre libido s'en trouve augmentée ... Est-ce de l'homosexualité? L'altération de votre libido est-elle liée ou non à votre amitié? Interrogations difficiles à cerner et auxquelles on est bien embêté de répondre. Et devant le spectre du pire châtiment, attention, la réponse est déterminante...Oh! La la, question de vie ou de mort dans certains pays ! Et, l'odieux de ces systèmes politiques tient trop souvent au fait que leurs tortionnaires répondent selon leurs propres schémas, en lieu et place des accusé.e.s. Et là, d'aucun.e.s risque d'être victimes d'horribles sanctions, sans avoir même eu le temps d'émettre toute opinion, d'exprimer toute candeur ou innocence.

Il est bien connu que les règles abjectes de la sexualité légendaire de certains dictateurs et leurs habitudes de véritable transpercement, perforation, embrochement et j'en passe, ont opprimé plus d'un.e esclave. Et c'est à ce genre de phénomènes mondialement inacceptables qu'il nous faut réagir en tout urgence.

Et pour ces inqualifiables adeptes de tels enfourchements, peut-on oser imaginer et espérer qu'un jour ils fussent, eux aussi, foudroyés par la grâce et enfin pourvus de grandeur d'âme et d'envie de liberté pure, simple et écologique !

Positivement, le fantastique mouvement auquel on assiste présentement correspond à une rédemption totale par rapport à la sensualité. Il loue véritablement les vertus de l'avènement de la libération sensuelle. Enfin brisons-nous les chaînes qui nous faisaient jadis captifs du carcan insoutenable de l'éternel recommencement, où dès l'âge adulte on vous sommait de répéter à votre tour l'acte de procréation. Voilà le mandat des générations où l'église alliée à l'état préconisait pour tous de faire « *des enfants qui font des enfants qui font des enfants qui font des enfants...(Cf. Pièce de théâtre : "Trois et Sept Le Numéro Magique" 1977)* ».

Mais les conséquences désastreuses telles la pauvreté, la négligence infantile et la violence sont désormais identifiées comme des calamités effroyables que les instances internationales tentent désespérément d'évacuer par de valeureuses actions vainement répétées.

Comment peut-on s'attendre à une parentalité responsable, quand des êtres nageant déjà dans la misère seraient, pour comble d'infortune, devenus parents par obligation? Et là, de suite, certains esprits craintifs vont contester cet état de fait et répondre « *que non, on devient parent par choix...*» D'accord, on s'entend. Mais avouons que ce n'est pas nécessairement vrai dans tous les cas.

D'abord considérons les témoignages de personnes qui en subissent les affres et non pas de celles qui y réussissent.

Combien d'entre nous se sentent surnuméraires ? Voilà encore une question importante – et qui fera l'objet d'un autre volume à paraître: *Les Surnuméraires* –.

«Près de la moitié des habitants de la planète, soit 2,8 milliards de personnes, n'auraient pas les moyens de se nourrir, de s'instruire, de se soigner et de se loger.» (Cf. : Article de Louis Maurin, La misère du monde Alternatives Économiques n° 177 - janvier 2000)

Dans nos sociétés modernes, que vaut le supposé libre choix s'il n'existe aucune alternative valeureuse? Entre se faire invectiver ou recevoir l'admiration qu'on a tendance à vouer aux parents, y a-t-il matière à hésiter sur son avenir? Le chemin est tout tracé d'avance. Dès l'enfance et à l'adolescence, les qualificatifs entourant l'amitié entre gens de même sexe sont effectivement si littéralement ignominieux. Vous n'avez pas mis le pied hors de chez vous qu'on vous affuble déjà de l'épithète d'homosexuel, comme d'une injure maudite.

Pas surprenant que dès que vous en avez la chance, vous formiez un couple de gens de sexes opposés. Et vu le genre de relation très fusionnelle et très pénétrante souvent préconisé, et toujours axé vers la reproduction, conception-contraception, et vu aussi le fait que les pilules anticonceptionnelles ont la particularité de ne pouvoir être consommées qu'un laps de temps déterminé, souvent que pour un terme triannuel, le choix de la parentalité, après quelques années, est quasi inévitable, il faut bien le reconnaître. En fait, une fois le temps permis pour la prise d'anovulants écoulé, il n'y a d'autre alternative pour ces jeunes gens que de penser à fonder une famille. Donc ce n'est visiblement pas un libre choix, mais une possibilité unique. Il n'y a guère de seconde option – à part l'opération définitive –. Et que dire de toutes celles qui deviennent enceintes et déclarent ne pas l'avoir choisi, ou très souvent même témoignent de l'échec du contraceptif utilisé, toute méthode confondue ? Et que dire encore de tous ceux qui voient venir avec terreur la paternité, en cachant leur désarroi?

N'aurait-il pas mieux valu demeurer dans le respect sensuel au lieu de verser obligatoirement dans la génitalité fusionnelle et conceptionnelle, puisque très souvent, dans ces cas-là, ni l'un.e ni l'autre des partenaires n'avait même l'intention de procréer, mais espérait plutôt seulement expérimenter la jouissance... Or, on en conviendra, sur le sujet tabou de la jouissance, les informations se font rares...

Combien d'êtres sont créés comme ça, par des êtres sous le joug et n'ayant d'autre choix? Il est clair que cette prolifération d'«êtres en surplus» – qui n'auraient pas été créés, n'eût été du diktat – a de lourdes conséquences sur l'incidence de la pauvreté, la violence. Disons que l'équation est assez facile à faire pour lier la cause à l'effet. La recherche de bien-être des individus se trouve carrément anéantie par la rigidité d'un diktat qui ne semble servir que les intérêts d'un bien petit nombre de richissimes.

Bien sûr, on pourrait statuer que l'accumulation de biens sert aussi l'évolution scientifique et technologique, par contre, nous avons le pouvoir de prendre en considération, parallèlement à ces avancées, le bien-être des individus et des sociétés et voir à rectifier la cadence des applications, au besoin, comme c'est le cas présentement avec des mouvements qui prônent un ralentissement sur plusieurs niveaux.

Bien sûr, on reconnaît tous que certains sont «aux oiseaux» avec leur projet de vie familiale, et que l'enfant est pour eux le plus merveilleux événement de l'univers!!! Soit.

Mais, de grâce! Laissons la paix à ceux-là qui désirent s'en abstenir! Ils savent ce qu'ils font.

On peut avoir confiance en nous tous pour prendre la bonne décision, sans avoir à subir des pressions indues.

Les entreprises multinationales raffolent de ces jeunes pucelles et puceaux pour lesquels on a eu comme dessein qu'ils aillent à l'école et se décrochent un emploi passionnant et payant.

Mais tout enfant n'est pas nécessairement à l'aise avec cette vie, et parfois, même avec sa propre condition. Et si jamais il avait envie de porter des vêtements ou autres artifices qui ne correspondent pas aux accessoires généralement assignés à son genre, il entre dans une vie de malaises effroyables. Est-ce le cadeau qu'on veut faire à notre progéniture?

Avant de donner naissance à un enfant dans un contexte si rébarbatif, il serait souhaitable que l'offre fût plus bienveillante, n'est-ce pas? Il est certes de notre devoir, en tant que créature de la nature, de chercher à mieux contrôler nos désirs et actions, et de les arrimer à nos intérêts réels.

En fait, aucune personne ne peut prétendre tirer un quelconque profit, ni pour elle ni pour sa suite, d'un si vilain commandement appliqué avec autant de virulence et de démence, que celui de l'accouplement imposé.

Les études, notamment celles de l'O.N.U sur les perspectives démographiques, font état, de plus en plus, de la possibilité de ralentissement de l'accroissement effréné de la population. Et même, une projection de diminution de la population est reconnue comme solution valable à certains problèmes endémiques de misère humaine.

Le premier cap opportun à franchir est, certes, celui d'entamer un dialogue mondial, hautement porteur d'espoir, sur la liberté de vivre, la liberté d'aimer.

«Lors de la conférence internationale du Caire (Égypte) sur la population, en 1994, les rapporteurs des Nations Unies avaient espéré promouvoir le principe du droit des femmes à décider elles-mêmes du nombre d'enfants qu'elles souhaitent avoir. Mais le plaidoyer en faveur de l'émancipation des femmes, se heurte à de fortes résistances. »

(Cf.http://www.larousse.fr/encyclopedie/divers/population_mondiale_s ept_milliards_dhommes/185885)

Aujourd'hui, certes, avec le mouvement humaniste, nous parlerons plus équitablement du principe du droit des femmes, des hommes et des intersexes à décider eux-mêmes de leur procréation.

« *Il n'est pas possible de parler du développement économique sans évoquer une constante majeure: la démographie. Dans un essai qui vient de paraître, le professeur Jack A. Goldstone résume avec une pertinence décapante les enjeux d'un monde en pleine transformation mais très largement sous-estimés. Il rappelle qu'il y a quarante ans tout juste, le biologiste Paul Ehrlich lançait un cri d'alarme qui marqua les esprits. Au rythme actuel, écrivait-il, l'explosion de la population mondiale conduit à une famine massive à l'horizon des années 1970.*

Alors que la planète subit une chute drastique de la production de biens indispensables au maintien de sa population, le fonds mondial pour la nature (anciennement World Wildlife Fund) a publié le 29 octobre 2008 son "Rapport Planète Vivante" ("Living Planet Report 2008").

Selon ce rapport, plus des trois quarts de la population mondiale vivent dans des pays dont la consommation dépasse leur bio-capacité (exprimée sous forme d'"empreinte écologique"). Les auteurs en viennent à demander la "réduction de la population, de la consommation individuelle et des ressources utilisées ou des déchets émis pour produire des biens et des services".

Le critère d'"empreinte écologique" dont se sert le WWF fut élaboré par une fondation britannique, l'Optimum Population Trust, qui fait ouvertement campagne pour réduire des deux tiers la population mondiale afin de la ramener à deux ou trois milliards d'individus.»
(Cf. Source : Solidarité et Progrès - 04.11.08
http://www.geopopulation.com/20081106/selon-wwf-il-faut-reduire-de-deux-tiers-la-population-mondiale/)

« *Il a fallu 40 000 ans, depuis l'homme de Cro-Magnon, pour en arriver à 2,5 milliards d'individus. Il a fallu 37 ans pour que la population du globe double, entre 1950 et 1987, passant de 2,5 à 5*

milliards d'habitants et seulement 23 ans pour qu'elle augmente de presque autant, pour atteindre 7 milliards d'habitants en 2011. »
*(Cf.http://www.larousse.fr/encyclopedie/divers/population_mondiale_*
_sept_milliards_dhommes/185885)

Une large partie de gens sur la planète fait l'expérience difficile des conséquences d'une conception non organique, due à des pressions inconvenantes, et leurs témoignages font état de la misère et des difficultés d'intégration et d'adaptation qu'ils éprouvent. La situation actuelle est véritablement intenable.

L'*Amour Écologique* est pur, simple, sain et facile, et représente une conception organique idéale de même que l'exercice d'une sensualité idyllique.
Il ne requiert aucun recours à un anti-stress dû à des pratiques risquées. Et le plaisir qu'il procure est d'autant plus grand qu'il est en soi un oasis de paix et de vérité. Il ne force aucune des parties à prétendre n'être autrement que vraie. Les organes génitaux sont reconnus dans leur entière singularité et les gestes accomplis sont fonction des caractéristiques intrinsèques de chacun.e.

Est-il question d'évacuer la réalité de la fécondité, comme si elle n'existait pas, en tentant, tant bien que mal – les moyens contraceptifs n'étant jamais efficaces à 100% –, de se rendre infertile par des moyens cancérigènes ? Cette situation, pourtant courante, contribue certes alors à installer une atmosphère où la semence de l'homme perd son identité, pour revêtir l'image d'une simple gélatine inoffensive, devant l'entière prise de responsabilité par la partenaire, et où tout se passe comme montré si habilement dans les clips, les films, les jeux vidéo, etc. Dans quel cas, la femme est astreinte – sous l'emprise de l'industrie pharmaceutique –, à se mentir à elle-même, prétendant posséder le pouvoir de faire les gestes de conception et y échapper tout à la fois, en en subissant les effets secondaires néfastes, dont prise de poids, saignements, migraine, seins douloureux, baisse de la libido... (*Cf.* http://www.aufeminin.com/info-contraception-pillule-contraceptive.html)

Faire comme si, tout en faisant tout contre... Tandis que le partenaire masculin, se trouve tenu à l'écart de sa propre signifiance, pataugeant dans l'ignorance et la désinvolture, ainsi réduit à adopter une attitude inculte et désengagée qui peut le piéger carrément, risquant même de le faire basculer, à son insu, vers l'irrévérence.

Cependant, il faut bien en convenir, ce jeu sournois ne correspond nullement aux aspirations de tou.te.s. À vrai dire, il ne servirait que l'expansion des profits d'une industrie de dragées synthétiques déjà en plein essor ?

Bien heureusement un certain pourcentage de gens, en forte hausse, se détache de ce modèle, ne s'identifiant aucunement à ce genre de quiproquo.

Et, tandis que certain.e.s se complaisent à affirmer que la morphologie particulière de l'homme justifierait le fait qu'il cherche absolument à entrer son sexe quelque part, d'autres, soutiennent plutôt que la forme phallique est libre, unitaire et complète, et ne représente aucunement, en soi, la contrainte de devoir absolument appeler à son introduction dans une autre forme. Prenons les brins d'herbe, la nature leur a-t-elle donné forcément un orifice où pénétrer? Un robinet s'écoule bien librement, sans qu'on doivent l'introduire dans aucune autre forme. L'homme doit-il faire pénétrer son sexe quelque part pour uriner, marcher, reculer, sauter ou plonger?

Quelle est cette idée que la nature oblige son organe reproducteur à exécuter une pénétration, et ce, en plus, dans certaines occasions, dans n'importe lequel des orifices trouvés sur son passage, sans plus de conscience de sa vulnérabilité et, bien évidemment, de sa force. N'a-t-il pas plutôt un membre libre? N'est-il pas capable d'éjaculation dans l'air libre!! L'air est infini, cela n'est-il pas assez grand et attirant pour lui? Beaucoup de gens ont manifesté leur opinion et se réjouissent aisément de pouvoir être libres de se comporter avec finesse et intelligence dans un pays comme le Canada, justement.

De même, on retrouve chez beaucoup de jeunes et moins jeunes, – souvent, et contre tout préjugé, chez les gens gai.e.s – un refus total d'obtempérer au genre d'enfermement où les rôles sont écrits d'avance et la destinée tracée depuis la naissance, selon des règles qui ne correspondent en rien à leurs valeurs les plus authentiques. Et ces personnes, de ce fait, ne procèdent à aucune intrusion mais privilégient tout naturellement des rapports plus sains et respectueux.

Et si la volonté réelle de procréer se manifestait pour certain.e.s., à un moment donné, il existe, depuis toujours, on le sait, plusieurs manières d'engendrer la vie, dont celle où les semences sont simplement finement déposées sur la cuisse, avec toute la délicatesse du monde, trouvant ensuite leur chemin à l'aise et continuant allègrement leur course vers les ovules.

Il n'est nullement nécessaire d'aller porter les semences jusque dans le fond de la gorge, n'est-ce pas? Les orifices de la femme sont délicats. Déjà, pour trouver ne serait-ce que l'entrée du vagin, on pourrait même penser qu'il serait souhaitable de se munir d'une lumière sur le front et d'une loupe en main pour s'assurer de ne pas visiter malencontreusement les orifices voisins.

Nul besoin d'aller forcer l'entrée pour tenter de déposer les semences jusque dans le col de l'utérus. Ils trouvent très bien leur chemin seuls. C'est connu et prouvé. Oui, il y a des gens qui sont fascinés par l'intérieur du corps, et adorent aller bouger les organes internes en pénétrant par le vagin, par l'anus, avec les mains, les doigts, les poignets, les bras, la langue, etc., etc... Et leur jouissance est détaillée dans bien des textes. Soit. Mais, le plaisir accompagné de tels risques de maladies est vraiment plus stressant qu'inspirant, chez l'esprit qui valorise la santé. Et le danger actuel est de voir ces pratiques recevoir l'approbation officielle tandis que la sexualité plus douce et «extérieure» est carrément injustement infantilisée.

Il faudrait certainement mieux documenter les effets aphrodisiaques et hautement jouissifs de certains échanges verbaux, de regards, de certaines invitations, de doux baisers dans le cou, derrière les oreilles, d'accolades, de touchers et d'embrassades, de corps qui s'étendent, de mains qui aiment, et tout ça sans contact avec les mucus ou la salive, dans un contexte où il y a attirance mutuelle, dans le respect le plus total, et où la communication demeure franche et polie.

Cela peut s'avérer, pour certaines personnes, être l'incarnation du summum de la jouissance et ce genre de relation sexuelle, le fantasme le plus exultant. Et pourtant, cette vision épurée est la cible constante de pénibles railleries dans de trop nombreux salons... Malgré le fait indéniable qu'elle fût si bellement évoquée dans certains poèmes et chansons d'artistes réputés... dont :

«Et l'amour infini me montera dans l'âme.» (Cf. *:Arthur Rimbaud, Poème Sensation, Mars 1870.*)

Et bien que l'asexualité fût amplement symbolisée dans l'art, ce n'est véritablement pas de cela qu'il est question ici, vous l'aurez compris, ni d'abstinence, ni d'évitement. Toutefois, évidemment, nous considérons tout à fait normal et légitime le fait de vivre de salutaires périodes de solitude, de repos, de retraite ou de privation.

Avec l'*Amour Écologique*, heureusement, la jeune génération s'accapare lentement le pouvoir de goûter les plaisirs de la chair dans la plus grande joie – le stress en moins –, et est, par cette révolution de l'âme, se voit délicieusement exemptée de subir la contrainte d'une sexualité qui verserait vers des attitudes périlleuses, voire inadmissibles.

Conclusion

Le désir actuel d'affranchissement est né certes de la terreur du spectre de l'asservissement à certaines forces humaines et des menaces correspondantes. Or l'affranchissement face à toute dictature est bel et bien en train de se produire depuis la lente mais sûre instauration d'une démocratie plus participative, en terre d'Europe et d'Amérique notamment, où aucun être ne peut ainsi miner la vie de ses comparses en ordonnant l'obéissance à un ensemble de règles qui ne correspondent en rien aux exigences de leur propre liberté.

Et puisque mon esprit sain ne supporte aucune infraction à l'expression de la justice, et que ma conscience professionnelle de sociologue est inévitablement interpellée par les accrocs au respect de l'intégrité de tout être, j'ai voulu dévoiler, dans cet essai, les résultats d'une recherche – qui aura duré trente-cinq années, jour après jour –, réalisée le plus rigoureusement possible, dans le but ultime de dénouer l'intrigue socio-économique et politique qui frappe nos sociétés de plein fouet et qui persiste à horrifier les âmes qui privilégient l'humanisme, avec la rencontre de deux mondes en un bourbier: démocratie versus théocratie, et leurs codes civil et criminel respectifs.

Les investigations mentionnées ici ont donc permis de mettre en lumière les détails des causes et motivations des commandements les plus cruels de notre ère et des horreurs les plus insoutenables ayant fait tressaillir les défenseurs des droits humains de la planète.

J'aurai vécu dans un pays où chacun.e a participé fièrement au défrichement des terres avec une vigueur des plus louables. À même les cours d'eau aurons-nous bu dans nos mains, avec le plus grand respect de la nature et de la vie universelle.

Aussi, lorsque vint le temps de considérer la question de la spécificité des genres et de s'encourager aux meilleures pratiques en terme de relations humaines, on aura constaté avec bonheur qu'il ne subsiste en fait que de menus détails à corriger. Les revendications actuelles se situant au niveau de la reconnaissance de la trinité de genres et des efforts de déstygmatisation de chacun.

Et pour arriver à se perfectionner de la sorte, il est imminent de continuer à débattre en toute sécurité de ces questions des plus pertinentes, d'entendre les récriminations de chacun.e et favoriser l'émergence de solutions fiables, avec toute la solidarité qu'elles requièrent.

Notons l'apport dans cette quête, au siècle dernier, d'Eleanor Roosevelt, Première dame des États-Unis de 1933 à 1945, Présidente de la commission de rédaction de la Déclaration Universelle des Droits de l'homme, diplomate et activiste.

Elle fit le tour du monde avec la Déclaration Universelle des droits de l'homme – adoptée en 1948 par l'Assemblée générale des Nations Unies –, dans laquelle, suite aux innommables horreurs commises durant la deuxième guerre mondiale, il fut convenu par les signataires que l'abjection des scènes observées dépassait toute mesure.

En fait, le dégoût provoqué à la vue des corps ensanglantés, parfois démembrés, relevait du non-sens. La totale absurdité de ces événements d'une frayeur inégalée, dit-on, fut tout à coup évidente.

Ainsi, de l'ampleur de l'affrosité des destructions de vies et de sites, naquit la clarté de la vision d'un futur où les conflits seraient réglés par communication verbale. Et l'annonce de ce projet mondial connût une réception phénoménale. Quelle idée fantastique, en effet, que d'aspirer à la réduction à zéro des dégâts matériels résultant de conflits humains!

Quand on regarde la situation actuelle d'un point de vue galactique, en effet, l'autodestruction terrestre tend à paraître absolument illogique. Et comme toute discorde se résout en identifiant sa cause, alors, ai-je tenté de pointer, dans ce texte, le fondement premier des querelles humaines. Et il est apparu clairement que la seule raison qui puisse justifier de telles dérogations au respect des droits humains est l'acquisition de richesses et leur répartition.

Dans cet ultime enjeu, ai-je aussi considéré le partage effectif des richesses en fonction du nombre de bénéficiaires. Et, bien que les richesses augmentent avec le nombre de travailleurs qui ajoutent une plus-value aux produits de la nature, le partage du profit, lui, demeure disproportionné.

Il fallait donc trouver pourquoi le partage pouvait représenter aussi peu pour certain.e.s et autant pour d'autres. Comment est-ce que l'empathie de la part des détenteurs des clés des voûtes de grandes richesses pouvait être aussi peu présente envers certains êtres?

En fait, la question se raffine lorsqu'elle s'ingénie à savoir pourquoi l'amour des un.e.s n'atteint pas les autres. Comment est-ce qu'on peut ressentir tant de mépris pour des gens qui sont liés à nous par le sang, les laissant pâtir dans la privation des essentielles? Puisque de près ou de loin, nous sommes tous liés par le sang...

Et puis, que la richesse soit détenue par l'un.e ou l'autre n'est pas la question, mais plutôt de savoir si l'un.e et l'autre partagent ces biens de la terre qu'ils gèrent. Participent-ils à la réalisation de rêves d'autres qu'eux-mêmes, créant ipso facto des emplois?

Or, – on le sait – les ressources ne sont effectivement partagées que dans une très infime et injuste proportion. Pire, les richesses transposées en devises demeurent presqu'en totalité en devises, dans un espace où elles s'échangent à un niveau sous-terrain, sans même remonter à la surface pour intervenir dans la création de projets et leur financement, faire fructifier la mise, oui, mais dans une perspective plus orientée vers la communauté, en dirigeant véritablement les profits vers l'extension de l'épanouissement humanitaire.

Et là on touche au coeur du problème. Pourquoi mettre au monde des enfants qui n'auront jamais accès aux ressources fondamentales? Et quelles sont les besoins essentiels? Voilà le sujet d'un autre volume à paraître: *Les essentielles*.

L'importance du concept de l'*Amour Écologique* tient de cette prémisse que la qualité de notre propre jugement, dûment inspiré par l'énergie universelle, est entièrement suffisante pour garantir de la certitude que les êtres mis au monde soient bénis et chéris par la vie.

Or, dans plusieurs pays du monde, on occulte entièrement ce champ d'action où le jugement de chaque être face à sa propre reproduction est primordial.

En plus, il appert que la plus grande source de violence existant présentement sur la terre est déployée précisément dans le cadre de ces commandements concernant la reproduction, et donc, la sexualité des populations.

Les un.e.s et les autres, chacun.e et tout le monde à la fois, nous sommes confrontés au même diktat de ne commettre des gestes empreints de sensualité que dans un but reproductif, sous peine de rejet, mais pire encore, de mort, de prison, de lapidation et j'en passe. Il n'y a qu'à voir la virulence des attaques contre les rassemblements amicaux de gens de même sexe, pour saisir la différence de consignes sur le sujet de l'homosexualité, de sens diamétralement opposés, dans les pays libres comme dans les pays sous dictature.

Il est donc imminent de réhabiliter le concept d'*Amour Écologique*, c'est-à-dire de relation pure et simple, afin d'éliminer totalement le spectre de la violence.

À ce chapitre, d'ailleurs, on se doit de mentionner l'immense succès obtenu dans nos contrées démocratiques, suite à l'élaboration d'un enseignement dépourvu de sexisme.

En effet, depuis les années '70, au Québec, notamment, nous pouvons témoigner de l'émergence de rapports humains plus égalitaires et du merveilleux avènement de couples et d'individus tentant l'*Amour Écologique,* où le respect de la reproduction organique et la reconnaissance d'une saine sensualité ont su installer des atmosphères de sécurité, de paix et de partage.

D'ailleurs, j'en profite pour nous féliciter, gens du Québec, pour le climat de liberté que nous avons su installer par notre système politique démocratique, nos lois et codes civils et criminels, dans ce territoire aux hivers rigoureux, où tous sont si vaillants, vigoureux, si beaux et si vrais.

Et il ne fait aucun doute que notre force et notre authenticité légendaires sauront, avec brio, nous assurer de préserver ces acquis suprêmes.

Et, dans cette optique, il semble est impératif de convenir de ceci: «Imposer la reproduction obligatoire est un crime contre l'humanité. »

La sociologie étudie justement, entre autres, comment les sociétés transmettent des valeurs à leurs membres. Ainsi, par l'éducation, des valeurs et des informations juridiques importantes sont transmises.

Les enseignements écrits et audio-visuels, dont le cinéma, contribuent à nous montrer, parfois bien insidieusement, comment se comporter selon des modèles qui correspondent à des images typées, à agir comme une femme ou comme un homme, et ensuite, l'un.e envers l'autre.

À la phrase célèbre de Simone de Beauvoir, «On ne naît pas femme, on le devient», j'ajouterai «les modèles actuellement proposés ne correspondent pas à la vérité trinitaire des différences de genres», dans le sens où on apprend des comportements qui ne sont pas nécessairement arrimés avec le naturel de chacun.e.

Et en questionnant ces enseignements et ces représentations, on se rend bien compte combien l'association entre gens de même genre est prohibée dans beaucoup de documents venant de trop nombreux pays du monde. Et on y comprend sans doute, alors, que pendant que nous sommes en train de vivre l'expérience de la liberté – chèrement gagnée –, nous demeurons vulnérables au péril des assauts des dictatures axées sur la violence reproductive.

On peut certes rêver d'une réalité plus joyeuse pour tout être vivant. Mais...

Contamination et appauvrissement des sols, surexploitation des ressources, augmentation des polluants, augmentation de désagréments dus à la cohabitation non pacifique des contribuables. Prise en otage des êtres humains astreints à l'asservissement à des maîtres qu'ils ne considèrent pas sains d'esprit.

Guerres, destructions. Malaises créés entre les habitants. Mécontentement des populations visées. Autant au niveau des personnes elles-mêmes qu'au point de vue des avancées scientifiques, les résultats de recherches sont biaisés et les technologies sont dirigées vers des fonctions mercantiles en vase clos.

...C'est toute la qualité de vie d'une large partie des habitants de la planète qui s'en trouve détériorée.

Or, comme en démocratie le peuple est souverain – on y tient –, nous n'avons qu'à exprimer notre volonté de continuer à expérimenter la liberté et améliorer nos conditions de vie, en agissant dans le sens

de notre intérêt personnel et communau
soumettre à ce diktat de l'assignation stricte (

Femmes, hommes et intersexes, avons le
paix, en s'associant pour exprimer notre a
respect du caractère écologique de l'Amour
général.

La propension à l'*Amour Écologique* est le fru   des
êtres qui désirent des relations où la sécurité et le i   des corps
sont reconnus comme des droits essentiels et la participation positive
et écologique à l'amélioration des conditions de vie terrestre: un
devoir humain.